Westfalen müssen so sein!

– Müggenköster –

Ernst Meurin

Westfalen müssen so sein!

Dönekes
und heitere Geschichten,
aus der
„guten, alten Zeit"
von Originalen,
Käuzen und Schelmen
aus Westfalen.
Vorwort
Rainer Schepper

Lachendes Westfalenland Band II

Güth + Etscheidt, Wiedenbrück

Lachendes Westfalenland

Band I – Herzhaft lacht man in Westfalen
Band II – Westfalen müssen so sein!
Band III – Westfalen lachen mit dem Herzen*
Band IV Westfälisches Schmunzelbuch*
* in Vorbereitung

1. Auflage 1983

Gesamtherstellung: Rehling + Schoppengerd GmbH Graphischer Betrieb
Printed in Germany
ISBN 3-922828-02-7

Vorwort

Die „gute, alte Zeit"! Der Gegenwart ist sie unerreichbar geworden, aber doch noch in Blickweite geblieben. Großvater und Großmutter, Großonkel und Großtante wissen sich noch gut an sie zu erinnern. Und ein paar Jahre oder gar Jahrzehnte weiter zurück erscheinen die Geruhsamkeit und Gemütlichkeit von damals, die Beschaulichkeit des alltäglichen Werktags, der noch frei war von Hektik und Stress und Nervosität, für uns wie im Goldglanz nostalgischer Verklärung, ging doch damals noch alles seinen gemächlichen und soliden Gang.

Gewiß, auch damals war man fleißig und arbeitete schwer, schwerer vielfach als heute. Aber man gönnte sich umso genußvoller den Feierabend; und vor allem: der Sinn für das Absonderliche, das Kauzige, das Originelle war noch vorhanden, man ließ es um sich her gelten und hatte noch Freude am Schabernack, den man nicht so leicht übel nahm wie man es heute in einer weniger humorvollen Zeit tun würde. Damals warf noch kein Fernsehen sein flimmerndes Wechsellicht an Zimmerdecke und Gardine; dafür flackerte mit wärmendem Schein das Herdfeuer unter dem rauchgeschwärzten Bosen. Hier fand man sich feierabends ein, wenn die züngelnden Flammen auf den dicken Holzscheiten und -kloben tanzten, und erzählte in fröhlicher Runde, wobei so manches ausgesponnen wurde, das dann die Runde machte durch Dorf und Kirchspiel und Umgegend. Man lachte oder ließ sich das Gruseln wohlig über den Rücken laufen; dem Einfallsreichtum und der Erzählfreude waren keine Grenzen gesetzt. Wo kein offenes Feuer brannte,

saß man in der dunklen Jahreszeit um den bullernden Ofen, an langen Sommerabenden draußen in der Laube oder auf der Bank vor dem Haus.
Wenige haben aus dieser „guten, alten Zeit" Dönekes und Vertellsels und wahre Begebenheiten – mehr oder weniger ausgeschmückt – festgehalten und überliefert. Zu diesen wenigen gehört Ernst Meurin, der unermüdliche Plauderer aus dem Westfalenland. Unvermittelt und unverkünstelt hat er alles gesammelt und aufgeschrieben, was ihm zu Ohren und vor die Augen kam, nicht mit literarischem Anspruch, sondern einfach und derb, um seine Landsleute, ihr Leben und Treiben, ihr Denken und Fühlen wie in einem Spiegel wahrheitsgetreu festzuhalten zu ihrem eigenen und anderer Leute Vergnügen. Seine vergnüglichen Stückchen vom Müggenköster, vom alten Krümpelmann, vom Doktor Lönne und vielen anderen sind nun wieder nachzulesen und machen erneut die Runde durch Westfalen. Mögen sie überall wieder so freundlich aufgenommen werden wie anno dazumal in der „guten, alten Zeit".

März 1983 Rainer Schepper

Müggenkösters Saatreis

Als ich ihn kennenlernte, war er schon mehrmals Großvater geworden, aber trotz dieser Würde log und flunkerte er wie der alte Münchhausen. Wenn er nach Oelde kam, ging er stets zu Becker-Wiegard, wo sich damals die lustigen Stammgäste trafen. Saß Müggenköster im Kreise dieser trauten Biederleute, so dehnte sich der Frühschoppen automatisch bis zur Dämmerung oder völligen Dunkelheit aus. Aber der Schnaps kostete damals nur fünf Pfennige und das Glas Bier einen Groschen. Gott sei Dank!

Einmal saß ein Landwirt mit am Tisch, und der Mann war allen als reformeifrig bekannt. Vor allen Dingen wollte er im Handumdrehen reich werden. Müggenköster sagte ihm so nebenbei, daß er in Brockhagen bei Gütersloh eine Reisplantage angelegt habe. Sie bringe ja im ersten Jahre, ähnlich wie der Spargel, nicht den vollen Ertrag, aber die Unkosten seien doch gedeckt, und im zweiten Jahre hoffe er wenigstens einen Doppelwaggon zu ernten.

Der unternehmungslustige Landwirt horchte auf. Das schien ihm eine verlockende Sache zu sein. „Wie wird das denn gemacht?" fragte er interessiert. Müggenköster machte ein möglichst ernsthaftes Gesicht und dozierte: „Am besten wäß de Reis op ganz slächten Buoden, up'n Sandknapp oder in so'n Bruch. Doht Se 'n bittken Kunstdünger drup un dann den Reis in Rillen, nich to dichte un nicht to wiet — dat annere mäck de Härgott."

Für diese mehr als einfache Belehrung gab der Reformlandwirt zwei Lokalrunden und eilte nach Hause. Nach zwei Monaten war er wieder bei Becker-Wiegard und machte Krach. Der Reis sei nicht aufgegangen, und auf dem Sandknapp stehe nur Unkraut. Müggenköster fragte ihn seelenruhig, welchen Reis er denn gesät habe, geschälten oder ungeschälten? Der Mann stotterte, den Unterschied kenne er nicht, er habe den besten Reis aus dem Geschäft geholt.

Ja, der sei doch geschält, sagte Müggenköster, und mit dem Schälen gehe der Keim verloren, da könne natürlich keine Bewurzelung stattfinden. Besser wäre er zu ihm gekommen, er hätte noch ganze Ballen Saatreis stehen, aber für dieses Jahr sei es bereits zu spät.

Die Wasserprobe

Eines Tages traf Müggenköster bei heißem Wetter einen älteren Knecht, der zwei Flaschen mit Wasser bei sich hatte. „Wat wußte met dat viele Water?" fragte er interessiert und erfuhr nun, daß der Knecht auf dem Wege nach Wolbeck war und den berühmten Wasserdoktor aufsuchen müsse. „De Buer is krank, und use Stina is krank, un bäide häfft mi 'ne Pulle vull Water metgieben. Aower twäi so graute Pullen sind lästig", meinte der Knecht.

„De Pullen sind je nich es vull", sagte Müggenköster, „gäit se doch binäine, dann häste bloß äine to driägen." — „Aower dann wäit ick doch nich, wat dat Water von usen Buern is!" rief der Knecht. „Doch, dat lött sich maken. Treck in die Midde 'n Packsband üm de Pulle. So wiet geiht dann dat Water von den Buern, un üöwer dat Band is dann Stina ihre Portiaun."

Das sah der Knecht sofort ein und zog mit Müggenkösters freundlicher Hilfe sorgfältig einen Bindfaden um die Literflasche. Dann goß er so viel ab, daß der Wasserspiegel genau bis an den Faden reichte, und füllte aus der anderen Flasche nach. Er war auch vollkommen überzeugt, daß nun alles in Ordnung sei. Nur der Wasserdoktor war anderer Ansicht und sagte ihm, er sei der größte Dämelack seines Jahrhunderts.

Nu lähre ick di dat Schäiten!

Wie die meisten seiner Freunde war Müggenköster passionierter Wilddieb. Er betrieb diesen Sport mit demselben Eifer wie heute viele das Fußballspielen. Einmal saß er in einer dichten Wallhecke und wartete auf Wild. Gerade vor ihm in der Wiese arbeiteten zwei Knechte an dem Entwässerungsgraben, und der eine erzählte dem anderen dabei von seiner Militärzeit bei den Dreizehnern in Münster. Er war Gefreiter gewesen und wollte nun die berühmten Gewehrgriffe vorführen, aber da er keine Flinte hatte, nahm er den Schüppenstiel als harmlosen Ersatz.

„Das Gewehr — über!" kommandierte er sich selbst und knallte den langen Stiel mit Krach vor die linke Schulter. „Präsentiert das — Gewehr!" brüllte er und riß die Schüppe senkrecht herunter. „Nu paß up, Anton!" sagte er zu dem andern Knecht, aber Müggenköster hörte es genau so gut, „nu lähre ick di dat Schäiten! Legt an!" — Müggenköster in seinem Versteck legte den Zeigefinger an den Abzug seiner Jagdflinte. „Feuer!“ kommandierte der Gefreite, und Müggenköster ballerte los.

Der Erfolg war ganz überraschend. Der ehemalige Gefreite war so sehr in seiner Darbietung vertieft gewesen, daß er glaubte, sein Schüppenstiel hätte auf Kommando geknallt. Er warf das verhexte Ding weit von sich und lief weg, der andere, der kein Soldat gewesen war und kein Schießen anhören konnte, war schon drei Sekunden vor ihm ausgerissen. Sie liefen um die Wette, und Müggenköster in seinem Unterstand lachte hinter ihnen her, daß ihm der Bauch weh tat.

Müggenkösters Pferdekur

Im Beckumer Zementviertel kam Müggenköster in eine Kneipe, in der ein bezechter Gast reichlich viel Radau machte. Jedem Anwesenden erzählte er von neuem, seine Frau habe ihm gesagt, eines Tages werde ihm noch der Bauch bersten. „Dat glaiv ick faots“, sagte Müggenköster, dem dieser Kerl zuwider war, „ick wünnere mi bloß, dat du nao nich platzet bis!“

Kurz nachher lag der Betrunkene bereits auf der Bank und schnarchte. „Wo wuhnt de Käl?“ fragte Müggenköster die anderen und erfuhr nun, daß es ein Steinbrucharbeiter an der Stromberger Chaussee sei. „Waochtet es“, sagte er geheimnisvoll, „wi willt'n es platzen laoten!“ Er ging zu einem benachbarten Metzger und besorgte sich etwas Eingeweide von einem frischgeschlachteten Kalb.

Das haben sie dem Säufer zwischen Unterhose und Hose auf den Bauch gelegt und ihn dann geweckt. „Käl, wach up, dien Bouck is buorssen!“ riefen sie im Chor. Der Zechbruder blickte mit verglasten Augen auf, aber als er dann nach seinem Bauch und gleich in blutige Gedärme griff, da fing er an zu wimmern: „Helpet mi doch! Halt doch 'n Doktor. Ick kann't je vör Pien nich outhollen. O Gott, miene Frau hät all ümmers seggt, dat et so kumen möß!“

Da haben sie ihn denn bei Anbruch der Dunkelheit in einem Kastenwagen auf Stroh gelegt und nach Hause gebracht. Die Frau wurde sofort verständigt, daß er über Samstag und Sonntag im Bett bleiben müsse und wenigstens acht Tage nichts trinken dürfe. So hätte es der Doktor verordnet. Die Pferdekur soll dem Mann tatsächlich geholfen haben, man hat ihn nie wieder betrunken gesehen.

Die gerechte Strafe

Hinter seinem Hause hatte Müggenköster einen großen Garten, in dem wintertags viel Grünkohl stand, denn „Broun Maus un Mettwurst" gehörte zu seinen Leibspeisen. Er mochte allerdings auch ebenso gerne Hasenbraten, und die Hasen, die in seinen Kohl kamen, waren geliefert. In der Hecke saß in jedem Hasenloch eine Drahtschlinge, und von der Schlinge ging ein dünner Draht zur Tenne. Sobald ein vierbeiniger Kohlräuber festhing, läutete auf der Tenne eine Schelle, und Müggenköster eilte in den Garten, um seinen Hasenbraten zu holen. „Wann de Diers mien Gemös friättet, dann iätte ich de Hasens up!" sagte er sich zur Beruhigung.

Aber eines Tages hatte der Schandarm Wind von der Sache bekommen und fand auch die Schlinge. „Hören Sie mal, fangen Sie Hasen in Schlingen?" fragte der Beamte. „Jau, dat dauh ick, süß friättet mi de Diers dat ganze Broun Maus up!" — „Aber das dürfen Sie doch nicht, das ist doch Wilddieberei!" — „Dat sall Wilddäiwen sien? Ganz wat anners is dat. Dat is 'ne gerechte Straofe. Waochte es, et klingelt jüst. Nu kummt Se met, et sitt der eenen in!"

Die beiden gingen in den Garten und fanden einen fetten Hasen in der Schlinge zappeln. „Nu kick es, wat sick dat Bäist an mien Broun Maus dickfett friätten hät. Aower ick will't em wull afflähren." Damit zog er den Hasen aus der Schlinge, legte ihn übers Knie und verprügelte ihn mit einer schwanken Gerte. Dann ließ er ihn laufen und sagte zu dem verblüfften Schandarm: „De kümp nich wier. De hät sien Fett wägg. So mak ick dat met jeden Hasen, de mi dat schöne Gemös stiählen will."

Klövekorn

In Beelen war nach dem ersten Weltkrieg große Wahlversammlung. Die Deutschnationalen hatten sie veranstaltet und als Redner einen Studiosus Klövekorn hingesandt. Der redete sich die Zunge aus dem Leibe, und dennoch sagte hinten im Saale ein Bäuerlein zu seinem Nachbarn: „Gaoh mi wäg: Klövekorn is Klövekorn, 'n guden Doppelkorn is mi läiwer!"

De hätt sien Fett wägg!

Der Reichsverschluß

Der alte Krümpelmann war wirklich genau und achtete auf jeden Pfennig. Wenn andere sich für einen Groschen ein Loch durch das Knie bohren lassen, so hätte man Krümpelmann nur das Geld hinzulegen brauchen, und seine Kniescheibe wäre wie ein Kaffeesieb geworden. Nun hatte er einen jüngeren Bruder in Amerika, den er schon deshalb beneidete, weil der sein Geld in Dollarwährung verdiente und niemals eine Inflation erlebt hatte. Früher allerdings als der Anton noch in Stromberg herumschwitkerte, konnte er es ihm nicht verzeihen, daß der Leichtfuß immer Zigarren „Drei zu zwanzig" rauchte.

Jans dagegen gönnte sich nur an Sonntagen eine ganz billige Zigarre, rauchte sie vor dem Hochamt an, versteckte sie dann in einer Mauernische und verqualmte den schäbigen Rest nach dem Gottesdienst. So war er es gewohnt, und dabei blieb er. Als der Bruder Anton sich aber ein Fahrrad kaufte und ab und zu sogar nach Oelde fuhr, um in leichtfertiger Gesellschaft ohne jede Veranlassung Schnaps zu trinken, da prophezeite er ihm aus innerster Überzeugung ein unrühmliches Ende.

Er wunderte sich auch gar nicht, daß der Anton eines Tages nach Amerika auswanderte, das taten ja alle Taugenichtse. Auch daß der Junge in den folgenden Jahren niemals schrieb, überraschte ihn nicht, er vergaß ihn völlig, besonders als er während des Weltkrieges im Sennelager Gefangene bewachen mußte und in der nachfolgenden Inflation alle Spargroschen verlor. Und dann kam plötzlich ein Brief von Anton aus Amerika, daß ein Paket unterwegs sei, ein großes Paket mit Lebensmitteln, Zigarren und Kleidungsstücken.

Da war aller Groll und jede Geringschätzung vergessen, da reckte sich Jans förmlich und sagte zu seiner Frau: „Stina, häff ick di nich ümmers seggt, he is de beste von us alle? Nu kannste je seihn, dat ick rächt ha!" Und als das Paket wirklich da war, gestaltete sich das Öffnen und Auspacken zu einer feierlichen Handlung, an der sogar neugierige Nachbarinnen voll Andacht teilnahmen.

Von allen Sachen imponierte am meisten eine dunkelblaue Strickjacke mit Reißverschluß, der damals noch wenig bekannt war. Nur eine Näherin aus der Nachbarschaft, die bei einem Zementdirektor in Beckum zuweilen Wäsche und Kleider ausbesserte, hatte diesen modernen Verschluß schon gesehen und sagte so nebenbei: „Dat häfft se in Amerika alle!" Dann hielt sie sich die blaue Jacke vor ihre Brust und sagte: „Wann ick den Bömmel harunnertrecke" —

sie tat es — „dann is de Jacke loss, wann ick den Bömmel nao buoben trecke, kieck, dao is se wier tau! Harunner, dao is se loss, harup, dao is se tau!“

„Kattrin, mak dat Ding nicht kaputt!“ rief Krümpelmanns Jans aufgeregt. „Dat döht em nix“, sagte die Näherin, „dat kannste hunnertmaol an'n Dage maken, dat schadet nix, dat is je 'n Reichsverschluß!“ — „'n Reichsverschluß? Waorüm hett dat denn Reichsverschluß?“ fragte Krümpelmanns Stina. — „Dat mott wull'n Reichspatent sien“, erklärte die Näherin, „aower et is hier ganz wat Seltenes, ick glaiwe nich, dat de Amtmann von Ühle 'n Rock met Reichsverschluß hät, wänn he auck Miele sien Sweigersuohn is.“

Krümpelmanns Jans trug den seltenen Rock behutsam in die Schlafkammer und sagte: „Vanommdag treck ick 'n an, dann könnt Ji wierkumen.“ Damit war die Vormittagsvorstellung beendet. Jans pflegte nach dem Mittagessen ein Stündchen im Sorgenstuhl zu schlafen — oder vielmehr zu schnarchen, aber das fiel diesmal aus, weil er doch den Rock mit Reichsverschluß anziehen und vorführen wollte.

„Treck di erst 'n rein Hiemd an!“ sagte seine Frau Stina. „Och nä, dat is doch 'n bittken viel verlangt“, meinte Jans, „ick will läiwer 'n frisk Hiemd drüöwer trecken!“ Und dann zog er den amerikanischen Patentpullover an, riß den Bömmel nach unten, daß der Kopf Platz kriegte, zog den Bömmel wieder hoch, daß das Ding geschlossen war, und stellte sich vor den Spiegel. „Stina!“ rief er begeistert, „dat is watt! Dat giff't im ganzen Kreise Biäckem nich!“

Und nun zog er den Bömmel hinauf und herunter, wie Kinder ihr Weihnachtsspielzeug ausprobieren. Auf einmal hatte er den Verschluß so hoch gezogen, daß ihm die Kehle fast zugeschnürt war, und da — ja, gerade da funktionierte das Reichspatent nicht mehr, der Bömmel blieb stehen und hatte keine Rückfahrt mehr. Jans zog, was er nur konnte, aber der Reichsverschluß ließ sich nicht erweichen.

„Stina, nu hölp mi doch, ick dömpe je!“ brüllte er und wurde schon blau im Gesicht. „Dao häff wi je dat Malör, dao häff wi je dat Unglück met de amerikansken Patente“, jammerte Stina. „Küer nicht so lange“, stöhnte Jans, „treck mi dat Dier üöwer'n Kopp, süß gaoh ick rips!“

Das war nun leichter gesagt als getan, denn Stina war ungefähr einen Kopf kleiner als ihr Jans. „Stieg up'n Stauhl!“ kommandierte der Märtyrer. Das half aber auch nicht viel, denn die arme Frau war bange, daß sie das Gleichgewicht verlöre. „Dann kläwere doch up'n Disk!" befahl das Opferlamm. Kaum stand Stina oben auf dem Tisch und zog nach Leibeskräften, da ging die Tür los, und Nachbar Haverkamp trat in die Stube.

„Marjoh, wat maket Ji denn hier?" fragte er verwundert, als er die seltsame Situation sah. „Jäh, denk di es, Haverkamp", erklärte Stina. „Jans hät iäbens den niggen amerikansken Rock antrocken, un nu geiht de Reichsverschluß nich wier harunner!" — „Jau, met so'n Reichsverschluß, dao kann 'm wat beliäwen", sagte Haverkamp, „ick satt vör twäi Wiäcken in Lippstadt in'n Wartesaal met so'n Reiseonkel out Hagen, und de ha 'n Portmanneh met'n Reichsverschluß. He hät mi dat minnestens säßmaol vürmaket, wo et lossun taugaiht, aower as he betahlen soll, do gonk dat äössige Dier nich loß, un de aolle Miesler sagg to em, so gönk dat met alle niggen Patente!"

„Nu küert nicht so viel", krächzte der arme Jans, „hölpt mi läiwer, ick sin all an't Affkratzen!" Da stieg Haverkamp auf den Tisch, griff den Rocksaum und zog mit drei Pferdekräften. „Hölpet dat?" fragte er selbstbewußt. „Bloß 'n bittken", ächzte der Gepeinigte, „aower de Bömmel sitt mi all unner de Niäse."

„Dann kümp nu de leste Akt!" konstatierte Haverkamp voll Sachkenntnis. „Stina, holl mi von ächten fast! Wänn de Rock glieks met so'n Kawuppdich üöwer 'n Kopp flügg, dann könn ick trüggäs harunnerfleigen un dat Genick briäcken!" Stina tat wie befohlen, und Haverkamp zog wie noch nie. Da brüllte der gepeinigte Jans: „Haolt! Haolt! Mien Schurrbaort sitt in den Reichsverschluß fast! Ick kannt' nich outhaollen, ick kannt' nich . . ." Es war zu spät, es ging plötzlich ritsch-ratsch. Haverkamp flog mit dem zerrissenen Patentrock hintenüber auf Stina, Stina sackte von dem Anprall auf den Fußboden, und Haverkamp fiel ganz weich in der Hausfrau Schoß.

Jans Krümpelmann aber war frei. Der halbe Schnurrbart war zwar futsch und saß in den Zähnen des Reichsverschlusses, aber Jans erklärte mit voller Bestimmtheit: „Den vermuckten Rock treck ick nich wier an!" „Is auck nich naidig", meinte Haverkamp, „he is je total kaputt!" — „Un den Schaden häff ick", stöhnte Stina und hümpelte in die Küche. Jans Krümpelmann schaute ihr bedächtig nach und sagte: „Alles, wat von Anton oder von Amerika kümp, is Bedraigerie un dumm Tüg. Nix, aower auck gar nix för vernünftige Mönsterlänner."

Das alte Leiden

Der bekannteste und meistbegehrte Landarzt im Kreise Beckum war in früheren Jahren der verstorbene Doktor Lönne oder Doktor Franz, wie er meist genannt wurde. In Nacht und Nebel, in Sturm und Dunkel ritt oder fuhr er zu seinen Patienten in den weitverzweigten Bauerschaften. Und wenn der liebe Gott mal einen ganz grimmigkalten Ostwind über die Felder fegen ließ, dann heizte Doktor Franz mit einem ganz steifen Grog ein. Je kälter der Wind, desto heißer und steifer der Grog! Es gab wohl kaum einen Menschen im Kreise, der ihn nicht gekannt und gern gehabt hätte. Für arme Kranke schrieb er die Rechnung stets in den Schornstein und ließ die dicken Bauern für sie mitbezahlen. Wenn der berühmte Mann im Abenddämmern hoch zu Roß die unbekanntesten Richtwege einschlug, so sagten die Kinder: „Wer reitet so spät durch Nacht und Wind, es ist Doktor Lönne, den kennt jedes Kind!"

Einst war ein Bauer beim Kriegerfest verhagelt und trollte schwer bezecht heimwärts. Als er mit Mühe und Not den Hof erreicht und auch den Weg in die Küche gefunden hatte, versuchte er das schwierige Geschäft, sich die Schuhe auszuziehen, um möglichst leise in das Schlafzimmer zu schleichen. Mit seiner Frau war nämlich nicht zu spaßen, und einem nächtlichen Angriff fühlte er sich nicht mehr gewachsen. Aber der Mensch denkt und schmiedet Pläne, und nachher wird's doch ganz anders. Stehenden Fußes bekam unser Bauer noch nicht einmal die Schnürriemen los. Immer wieder verlor er das Gleichgewicht, fiel erst in die Holzkiste, dann in den Kohlenkasten, griff mit der einen Hand in den Wassereimer und riß endlich den ganzen Garderobenständer um. Von dem Getöse wurde seine Frau wach und erschien in der Nachtmütze und mit brennender Kerze auf dem Kampfgelände. Es tat aber auch Hilfe not. Der Bauer hatte gerade eine Sitzgelegenheit gefunden und sich erschöpft darauf niedergelassen. Aber es war kein gemütliches Kanapee, sondern die heiße Herdplatte, und als die Bäuerin auf der Bildfläche erschien, fuhr ihr Eheliebster gerade mit fürchterlichem Gebrüll hoch und fiel neben dem Kochherd in den Kohlenkasten. Die bestürzte Frau vergaß vor Schrecken ihre Gardinenpredigt und half dem Ärmsten, möglichst schnell ins Bett zu kommen. Dann wurde Doktor Lönne bestellt und kam auch bald als Retter in der Not an das Krankenlager. Als sachkundiger Mann hatte er das Grundübel sofort erkannt und wußte deshalb auch, was er von den Erklärungen der verschämten Bauernfrau und ihres geknickten Mannes zu halten hatte. Lange besah er die arg verbrannte Stelle mit scheinbar wissenschaftlichem Eifer und sagte dann bedächtig: „Jä, dat is all 'n ganz aolt Lieden!" — „Dat is doch nich müglick!" rief die Frau mit berechtigtem Zweifel. „Doch, doch", entgegnete Doktor Lönne, „kiekt män hier, dao stäiht ganz dütlik de Jaohreszahl 1768." Da wurde die Frau vor Verlegenheit so rot im Gesicht, wie es ihr Mann seit einigen Stunden schon anderswo war, denn die Zahl 1768 stand auf der Herdplatte, und Doktor Franz schien den Sachverhalt einigermaßen durchschaut zu haben.

Die verkannte Medizin

Doktor Lönne wurde einmal zu einem Bauern gerufen, dessen Frau weit und breit als ziemlich knauserig bekannt war. Es war in der Möppkenbrotzeit, und der Bauer hatte zum Frühstück wohl etwas reichlich eingefahren, genug, er lag nun ächzend und stöhnend im Bett und erwartete das Ende oder doch eine recht bedenkliche Katastrophe. Der Beckumer Doktor war in der bitterkalten Dezemberluft auf seinem Braunen recht durchgefroren und empfand es sehr peinlich, daß ihm nicht einmal ein wärmender Trunk angeboten wurde, ehe die ärztliche Untersuchung beginnen sollte. Mißmutig ließ er sich an dem breiten altmodischen Himmelbett nieder, in dem der Kranke wimmerte, pochte und hörte an seinem Patienten herum und machte ein sehr bedenkliches Gesicht.

„Is't slimm?" fragte die Frau voll Angst, „mott he stiärben?" — Der Doktor sah überlegend auf den Boden, wiegte das Haupt bedächtig und fragte dann plötzlich: „Häfft Ji in'n House guden, aollen Kognak?" — „Jau", entgegnete die Bäuerin, „ganz guden aollen met drei Sternkes up't Schild!" — „Na, dann brengt es 'n hännig Wienglas vull heran, dat sall wull hölpen."

Eilends lief die Frau in den Keller und brachte alsbald das Verlangte in die Krankenstube. Ihr Mann richtete sich ganz verklärt auf, als er die angenehme Medizin näherkommen sah, hatte aber die Rechnung ohne den Wirt gemacht. Denn Doktor Lönne nahm das Glas, hielt es einen Augenblick schmunzelnd gegen das Licht und trank es dann in zwei Zügen leer. Darauf stand er sehr zufrieden auf, gab dem Bauern und der erstaunten Frau die Hand und sagte: „Ju Mann hät toviel friäten, laott'n män bis muorn aobend hüngern, dann is he wier up'n Damm. Un von den Kognak stellt 'n Buddel wäg för't naichste Maol. Guden Aobend tohaup!"

Das ganz alte Leiden

Entlarvt

Doktor Lönne wurde nach einem sehr ausgedehnten und strapaziösen Frühschoppen zu einer Bauernfrau gerufen, die angeblich alles durcheinanderphantasiere, keinen Appetit mehr habe und sich andauernd erbrechen müsse. Als starker Mann und gewissenhafter Arzt besteigt Lönne sofort seinen Gaul und reitet zu der Kranken.

Wie er nun so am Bett sitzt und den Puls fühlt, schläft er in der Wärme der Krankenstube ein, allerdings nur für einen Augenblick, dann fährt er hoch und brummt ärgerlich in den Bart: „De Düwel hal dat vermuckte Supen!"

Die Wirkung dieser Worte war überraschend. Die Kranke wurde blaß bis auf den Magen, hob die Hände beschwörend hoch und wimmerte: „Ach, Herr Doktor, nu häfft Se dat doch miärket. Seggt Se doch nix to mienen Mann, ick magg den Schnaps so gäne."

Mettwurstmarkt

Die Mettwurst spielt auf dem Ennigerloher Markt etwa dieselbe Rolle wie der Pickert auf Pollhans, die Butterbrote „mit Gekochtem" auf der Vituskirmes in Lette und die meterlangen Rinderwürste auf dem Lippborger Markt. Einer der berühmtesten Stammgäste auf dem Mettwurstmarkt war früher Doktor Lönne aus Bekkum. Er mußte unbedingt dabei sein. Manchmal wurde es ihm ja wohl etwas spät, aber das war man bei dem Doktor Lönne gewohnt. Im Hotel Höner wurden ihm auf jeden Fall einige recht fette und braun gebratene Enden Mettwurst, wenn es nötig war, bis Mitternacht reserviert.

Einst kam er denn auch am Spätabend noch angeritten, hatte gut gegessen und bereits einige Schnäpse nachgespült. Da erschien Frau Schulte Steinbrink und wollte ihn dringend sprechen. Dr. Lönne liebte solche Störungen eigentlich nicht, aber er hörte die dicke Schultenmama doch an. „Ach, Herr Doktor", jammerte sie, „ich bin auch zu Besuch hier, und da haben wir heute abend gebratene Mettwurst gegessen." — „De häff ick auck hatt." — „Ja, Herr Doktor, das haben sie wohl alle heute in Ennigerloh, aber wir hatten noch Backpflaumen dabei." — „Dat schmäck gar nich übel." — „Gewiß nicht, Herr Doktor, und mir hat es auch recht gut geschmeckt, und so im Eifer des Essens, da habe ich ganz in Gedanken" — „Ah, dao hefft Se de Prumensteine metschlucket." —

„Ach ja, Sie haben es geraten, Herr Doktor, aber es schmeckte mir so gut, und da hab ich in der Eile drei Steine verschluckt. Was mag das nun wohl geben? Ich bin so schrecklich bange vor Blinddarmentzündung!" —

Doktor Lönne sah die umfangreiche Meerske, die ihn wegen der dummen Pflaumensteine aus lustiger Gesellschaft geholt hatte, grimmig an und sagte dann mit unerschütterlichem Ernst: „Wat dat gieben sall? Von de drei Prumensteine söllt Ju wull naichstens drei Prumenbaime out 'n Rüggenstrank wassen. Dat is alles, Meerske!"

„Rückerinnerungen"

Jürken ist seit Jahrzehnten Knecht auf einem Bauernhof und war nicht wenig erstaunt, als er folgende Karte erhielt: „Liber Bruder! Hastu morgen oder spätzens übermorgen woll Zeit, mir zu besuchen. Du muß unbeding kommen zu eine Bedrückung. Gruß Berta." — Jürken kratzte sich den ergrauten Kopf und dachte nach, was seine Schwester wohl unter Bedrückung verstand. Vielleicht war sie im Druck und hatte Geld nötig. Darum steckte er sich zwanzig Mark ein und fuhr hin.

„Häste Schulden, Süster?" fragte er vorsichtig. „Icke Schulden? Biste denn ganz unwies?" entrüstete sich Berta. „Ick häff doch Bargeld up de Kasse!" — „Jä, ick meine auck män so", sagte Jürken und freute sich, daß der Zwanzigmarkschein gerettet war. — „Wat is dat dann för 'ne Bedrückung?" erkundigte er sich weiter. Da atmete Berta schwer und sprach: „Ick häff 'n Pinnschwiär, un dat moß du mi bedrücken!"

„Icke?" rief Jürken entsetzt. Er war also hergerufen, um ein Geschwür auszudrücken. „Sett di erst maol hen!" sagte er, um Zeit zu gewinnen. „Dat kann ick nich", entgegnete Berta und errötete bis unter die Haare, „dao sitt dat Schwiär doch grade! Ick kann der nich an, süß här ick di gar nich kumen laoten. Jürken, dat moßte doch verstaohn!"

„Jau, jau", sagte Jürken und nickte. „Aower segg es, worüm biste nich nao'n Dokter gaohn?" — „Nao'n Dokter?" schrie Berta empört, „dat kannste mi tautruggen? Wo de Dokters ümmer so butt sind un sick gar nich schiämt? Dao sall mi'n Dokter an de blaute — näi, Jürken, dat holl ick nich out!" — „Jä, un wi sall ick dat anfangen?" fragte der Bruder nachdenklich.

Die Geschwister saßen auf Bertas Schlafzimmer, das so sauber und jungfräulich war wie eine Klosterklause. Nun stand die Schwester auf und zeigte, daß sie alles vorbereitet hatte. Sie spannte ein großes buntes Kattunlaken vor eine Nische zwischen Tür und Kleiderschrank, verschwand mit goldigem Erröten hinter diesem Vorhang und sagte nichts.

Jürken sagte auch nichts, er sah nur, daß in dem Vorhang ein kreisrundes Loch geschnitten war, etwa in Tischhöhe, und gerade in dieser runden Öffnung erschien nach kurzer Weile von der anderen Seite her — das Geschwür. Sonst war nichts zu sehen, nur das „Pinnschwiär" leuchtete rot und reif wie aus einem Rahmen. Nun wußte unser Jürken Bescheid und entledigte sich seiner delikaten Aufgabe mit großem Geschick. Hoffentlich entsprach das Honorar für ärztliche Bemühungen der sorgfältigen und taktvollen Behandlung.

Use Mama hät de Büxen an!

Der brave Heini hat jetzt eine „richtiggehende" Braut, die Sache ist perfekt, und Heini sollte den zukünftigen Schwiegereltern offiziell vorgestellt werden.

Er hatte sich sehr fein herausgeputzt, und wenn auch das meiste noch nicht bezahlt war, so stand es ihm doch recht gut, und er erregte beinahe Aufsehen. Als er ins Haus kam, war die Schwiegermama gerade auf das verschwiegenste Plätzchen des Hauses gegangen — manche Frauen haben ja ein Talent dazu, gerade im letzten Moment schnell noch eben zu müssen.

Gretchen und ihr Vater führten den Gast in das beste Zimmer. Aber schon bald rauschte die Mutter in ihrem feinsten Seidenkleid herein, ließ sich bekannt machen und begrüßte den zukünftigen Schwiegersohn auf das herzlichste.

Soweit war alles in Ordnung. Aber dann drehte sich die Mama um, und da war ihre Würde erschüttert. Gretchen schrie entsetzt auf, der Papa war platt, und Heini staunte, denn die Schwiegermutter hatte in der Eile ihr dünnes Seidenkleid mit in den Schlüpfer gesteckt und stand von rückwärts nun in Hosen da. Zwar wollte der Vater noch die Situation retten und sagte mit fröhlichem Lächeln: „Jau, use Mama hät de Büxen an!" Aber der Witz zog nicht so recht. Man soll auch nicht sofort alle Karten aufdecken, und beim ersten Besuche brauchte der Heini seine Schwiegermutter durchaus nicht s o gründlich kennenzulernen.

Genaue Auskunft

Mühlenbesitzer Strangmann hat ein Bein gebrochen und läßt telegraphisch den Kreisarzt herbeirufen. Dieser möchte sich zuvor gerne orientieren, ob es sich um einen Knochen- oder Gelenkbruch handelt. Darum depeschiert er: „Bitte Rückantwort, wo Bein gebrochen."

Umgehend kommt der Bescheid: „Hinter dem Schweinestall. Strangmann."

Die angenagte Torte

Auf einem Bauernhofe bei Coesfeld regiert Frau Lisbeth unumschränkt. Ihr Mann hat sich noch während des Krieges in ein „besseres Jenseits" verdrückt und als treues Faktotum den alten Jürken hinterlassen, der zwar nicht viel sagt, aber immerhin fast vierzig Jahre auf dem Hofe tätig ist, überall Bescheid weiß und bei passender Gelegenheit auch wohl an seinen eigenen Vorteil denken kann.

Nun feierte neulich Tante Lisbeth ihren Namenstag, und da es nach ihren eigenen Angaben der sechzigste war, hatte sie alle Freundinnen eingeladen und wollte sie mit einer Torte überraschen, von der sie alle einstimmig sagen sollten: „Das muß ein Stück vom Himmel sein!" Vorläufig stand allerdings dieses Prachtexemplar von Torte noch in der Küche und wurde von der Magd Anna und dem alten Jürken mit verlangenden Blicken betrachtet.

Anna sagte schließlich mit mißvergnügter Miene: „Paß up, Jürken, de iättet se ratz up, dao bliff auck nich 'n Krümmelken von üöwer!" Jürken nickte zustimmend, denn er sprach nicht gerne, aber er war ebenfalls fest davon überzeugt, daß sie von der Prachttorte nichts wiedersähen. Plötzlich schob er die Unterlippe energisch vor, was immer bedeutete, daß er einen wichtigen Entschluß gefaßt oder einen klugen Gedanken gehabt hatte. Er ist fürwahr eine treue Seele, treu wie Gold, aber auf Süßigkeiten ist er versessen wie der Bär auf Honig.

Jetzt wiegte er gedankenvoll das ergraute Haupt und sprach mit Nachdruck und der Bedächtigkeit eines Diplomaten: „Wie mött den Kauken an äine Siete 'n lück anknibbeln, wäißte, so met de Fingerniägel so 'n bittken anknibbeln, un wänn du 'n dann in de Stuowe brengst, dann döhste ganz verjaget un seggst: Hajasses, nu sind de Möüse dran west! Paß up, dann müget se 'n alle nich mähr, un wi beide wietet je Bescheid!"

Es kam auch genau so, wie die beiden es sich ausklamüsert hatten. Da die Torte an fünf Stellen „angenagt“ war, kam sie in ihrer ganzen Pracht und Fülle in die Küche zurück, nur Anna bekam einen Rüffel, weil sie keine Mausefalle aufgestellt hatte. Aber sie würgte diese Vorwürfe mit soviel Torte herunter, daß sie abends Leibschmerzen hatte. Auch Jürken war so satt, daß er Natron nehmen mußte.

Gut gewürzt

Ein Sonntagmorgen im Mai. Großmutter sollte zum Hochamt gehen und während der Frühmesse einhüten sowie die notwendigste Hausarbeit tun. Überall fand sich Arbeit. Sie nahm die Sache ernst, gab den Ferkeln zu fressen, sah die Hühnernester nach, aß zwischendurch ein Butterbrot, setzte das Sauerkraut mit Rindfleisch auf, beauftragte Großvater, der im Lehnstuhl am Herd saß, nur ja nicht das Feuer ausgehen zu lassen, und ging dann ins Schlafzimmer, um sich umzuziehen.

Großmutter machte sich gern fein, zog das Seidene an und nahm aus der Kommode das Umschlagtuch und die gute Mütze. Mein Gott, es wurde ja höchste Zeit! Schnell Schirm und Sonntagsgebetbuch und dann los! In der Haustür fiel ihr noch ein, daß in das Sauerkraut wohl noch ein Stück Speck müßte, das Rindfleisch war so trocken. Schnell macht sie kehrt, schneidet ein ordentlich Stück und wirft es in aller Hast in das Sauerkraut. „Adjüß, Großvatter! Bis glieks!“

Sie eilte, als wenn es um ihr Leben ging, zur Kirche. Zum erstenmal kam sie zu spät und meinte, alle Leute sähen sich nach ihr um und dächten: „Aolle Drümmeltaske, wo kümmst du nao hier?“ Sie bekam ordentlich rote Backen vor Scham. Aber als sie ihr Gebetbuch schnell nehmen wollte, da glaubte sie doch, sie wäre in die Erde gesunken, da hielt sie statt des Gebetbuches das abgeschnittene Stück Speck in der Hand.

Und ihre Gedanken schweiften zum Gemüsetopf zurück, wo „Der himmlische Paradiesgarten“ in Lederband mit Goldschnitt im Sauerkohl schmorte. Aber mittags hat niemand was gemerkt, nur der Großvater meinte schmunzelnd: „Wat is dat Suermaus läcker! So richtig himmlisch! Int Paradies kann't nich biätter schmäcken!“

Der Wunderdoktor

Der alte Müggenköster war vor Jahrzehnten der beliebteste Schwankerzähler in der Umgegend von Oelde. Dazumal hatten die Leute noch mehr Zeit als heute, kannten weder Valutasorgen noch Indexzahlen und ließen das Auswärtige Amt ganz unbekümmert die auswärtige Politik machen. Wenn der alte Müggenköster bei Wiegard oder sonstwo seine andächtige Gemeinde um sich versammelte und aus dem reichen Schatze seiner Erlebnisse noch ältere Zeiten aufleben ließ, dann brannte das Kaminfeuer bis spät in die Nacht, und kein Mensch aus dieser Gesellschaft kümmerte sich um Polizeistunde und ähnliche behördliche Schikanen. Sein Hauptschlager war die Geschichte vom Wunderdoktor in Herzebrock, der auf seinen Rezepten den Wunsch äußerte: Bitte Wasser mitbringen!

Nun war in Möhler ein Bauer von der Leiter gefallen und hatte große Schmerzen im Leib und im Schulterblatt. Als Retter in der Not kam selbstredend nur der Wunderdoktor in Frage, und da der Bauer selbst nicht gut gehen konnte, gab er seinem Knecht ein „Fläschchen" mit und instruierte ihn genau. „Also, paß up, Antönken! Ick sin von den siebenten Tratt fallen, in de rechte Schuller häff ick Piene, ick häite Jossepp un sin fieftig Jaohre aolt. Dat mott di de Mann alles out dat Water heroutliäsen können, süß wäit he üöwerhaupt nix un krigg kienen Pänning. So, nun gaoh un laot di nich betünteln!"

Antönken wurde beim Doktor von der Haushälterin im Wartezimmer empfangen. Es entspann sich nun folgende Unterhaltung zwischen den beiden: „Häff Ji wat Krankes in'n House?" — „Jau, de Buer is van de Ledder fallen, et döht em so weh in de rächte Schuller." — „Is he dann so hauge fallen?" — „Et geiht so, von den siebenten Tratt." — „Dat kann all gefährlich werden, he is sieker all nett aolt." — „Oh, dat nich, fieftig Jaohr." — „Ei, ick meine doch, ick möß 'n kennen, wo hett he doch?" — „Jossepp." — „Sied män röhig, de Doktor sall wull helpen." Damit ging die Haushälterin ins Sprechzimmer und instruierte den Wundermann.

Als nun Antönken an die Reihe kommt und sein „Fläschchen" abgibt, bemerkt er: „Ji mött mi alles seggen, süß krieget Ji kienen Pänning, hätt de Buer seggt." — „Kommt schon, kommt schon," sagt der Doktor, schüttelt das Glas und visiert aufmerksam hindurch. „Ach, de Jossepp hät Malöhr hat, is von de Treppe fallen", — er schüttelt wieder — „hm, Schmerzen in der rechten Schulter" — er schüttelt noch sehr energisch — „hm, hm, fieftig Jaohre is he aolt, et is män 'n Glück, dat he nich so wahne hauge fallen is, bloß von de dritte Stufe."

„Nä", schrie Antönken aufgeregt dazwischen, „dat is nich waohr, Ji wietet nix davon, he is von den siebenten Tratt fallen." — Der Wunderdoktor sah verblüfft auf, er mußte seine Haushälterin in der Eile falsch verstanden haben. Aber er ließ sich nicht aus der Fassung bringen und fragte den Knecht ganz vertraulich: „Segg maol, is düt dat ganze Water?" — „Nä, Doktor, lange nich, dat is nao nich es de Hälfte." — „Dat häff ick mi dacht, dao ligg et dran, düt is dat Water för drei Tratt; wenn du alles Water metbracht häst, konn ick di faots seggen, dat he von den siebenten Tratt fallen is."

Die Aussteuerpappeln

Ein alter, erfahrener Landpastor im südlichen Münsterland hatte es sich zur Gewohnheit gemacht, allen jungen Brautpaaren seines Landbezirks bei der Hochzeit das Versprechen abzunehmen, daß sie beim ersten und auch bei jedem folgenden freudigen Familienereignis sechzig Pappeln anpflanzen würden. Wenn das Kind ins heiratsfähige Alter kam, erhielten die Eltern durch den Verkauf dieser Pappeln eine namhafte Beihilfe zur Beschaffung der Aussteuer oder für die Geldabfindung. Die dortige feuchte Gegend bot gerade für Pappeln ausgezeichnete Wachstumsbedingungen, und die Pfarrkinder haben zu ihrem eigenen Vorteil das Versprechen getreu gehalten. Heute ist dieser gute Brauch landesüblich geworden, und man zählt in jener Gegend Tausende prächtiger Pappeln an allen passenden Stellen.

Nur einem Pfarrkinde machte das Pappelnpflanzen doch schließlich Kopfschmerzen. Dreimal hatte ihm seine Frau schon Zwillinge geschenkt, und getreulich hatte er jedesmal seine hundertundzwanzig Bäumchen gepflanzt. Beim vierten frohen Familienereignis aber krähten drei kleine Schlingel in der Wiege und in schnell hergerichteten Waschkörben, und der Vater lief zum Pfarrer und sprach: „Nä, Herr Pastor, so 'nen Gottessegen habe ich aber nich erwartet, diesmal kann ich aber nich dagegen anpflanzen!"

Verhängnisvolles Dessert

Baron von Romberg hatte eines Tages große Gesellschaft. Im alten Ahnensaal des Schlosses war die Tafel gedeckt, und die erlauchten Vorfahren des tollen Barons, die in Reifröcken und Wespentaillen, mit Spitzenjabots und Puderperücken sauber in Öl gemalt an den Wänden hingen, sahen hochmütig oder mißvergnügt auf die sehr gemischte Gesellschaft, die zu ihren Füßen geräuschvoll und wenig manierlich aß und pokulierte.

Der Baron hatte entschieden seinen guten Tag, sein gesundes Haudegengesicht glühte burgunderrot, seine Kommandostimme dröhnte über den Tisch, und seine derben Scherze entfesselten Stürme wilden Entzückens bei seinen vergnügten Gästen. Inzwischen wurden ungeheure Fleischmengen mit Strömen von Wein hinuntergespült, von einer wirklichen Tafelrunde konnte schon längst keine Rede mehr sein, und dennoch schleppten die Diener immer neue Schüsseln und Flaschen her.

Zum Schluß aber — auch das schlimmste Bacchanal muß einmal enden — wurde eine besonders delikate Nachspeise aufgetragen, ein Pudding, der wie ein Götterfraß über die Zunge glitt und die schon etwas wässerigen Augen noch einmal aufleuchten ließ. Die meisten nahmen zweimal oder dreimal und immer reichlich. Aber dann wurden sie unruhig, rutschten auf dem Stuhl hin und her, sahen gequält zur Tür und verschwanden schnell.

Der freundliche Leser wird das Ziel des Ausflugs schon ahnen. Ganz recht, der tolle Baron hatte in den Pudding beträchtliche Portionen Rizinusöl geben lassen, dessen unangenehme Wirkungen auch wohl denjenigen bekannt sein dürften, die bisher weder in einem Militärlazarett behandelt wurden, noch von ihrem Hausarzt dieses hinterlistige Medikament verschrieben bekamen.

Es würde aber das Renommee des Barons empfindlich schädigen, wenn der Ulk damit zu Ende gewesen wäre. Der Witz wäre dann doch zu populär gewesen. In Wirklichkeit begann er aber auch erst in dem Augenblick, als die flink gewordenen Gäste im Geschwindmarsch vor der Tür des Geheimkabinetts landeten. Dann drückten sie allesamt erleichtert aufatmend die Klinke nieder, eilten weiter und prallten mit einer Entschuldigung, die freundlicher lautete, als sie gemeint war, wieder zurück. Denn da saß schon ein Leidensgenosse im schwarzen Gehrock. Wer dann kurz entschlossen die Tür nebenan öffnete, fand auch dieses Gemach zu seinem Schmerz besetzt. Weitere Sitzungszimmer standen dem Bedarf des Publikums nicht zur Verfügung. Es blieb also nichts anderes übrig, als in Ruhe und Ergebenheit den weiteren Verlauf der Expedition abzuwarten. Aber das ist leichter gesagt als getan, wenn eine doppelte Portion Rizinusöl als treibendes Moment des dramatischen Verlaufs mit Gewalt zur Katastrophe drängt.

Zudem schienen die beiden glücklichen Vordermänner den Geschäftsabschluß geflissentlich hinauszuschieben. Da half kein Klopfen, kein Räuspern, kein Füßescharren, kein Schimpfen und kein Toben: die beiden Türen blieben zu. Inzwischen mehrte sich die Zahl derer, die mit gequälten Gesichtern Polonäse standen und auf Erlösung warteten. Es liegt nun einmal in der menschlichen Natur, daß die ersten mit schadenfrohen Gesichtern auf die armen Nachzügler blickten, aber ganz reine Schadenfreude wollte auch bei ihnen nicht aufkommen. Dafür waren sie innerlich viel zu unruhig. Außerdem sahen sie, daß die allerletzten, wenn sie die lange Kette der Harrenden oberflächlich abgezählt hatten, resigniert den Kopf schüttelten und das Weite suchten. Sie selbst hätten ja gar zu gerne mitgesucht, aber sie wollten ihre Vorzugsplätze auch nicht leichtsinnig aufgeben, blieben stehen und trippelten weiter von einem Bein aufs andere, bis ihnen schließlich auch nichts anderes übrig blieb, als provisorische Notquartiere im Freien aufzusuchen.

Und draußen im lauschigen Garten, da, wo die hohe Mauer gegen die neugierige Außenwelt abschloß und üppiges Gesträuch die Frontsicherung übernahm, dachte nun die ganze Festgesellschaft mit Ausnahme des Barons über die Tücken eines schmackhaften und scheinbar so harmlosen Desserts nach.

Wie aber war es mit den beiden seßhaften Kavalieren drinnen im Schloß? Als der letzte Gast spornstreichs im Garten verschwunden war, rief der Baron seinen Kammerdiener und sprach: „Jean, laß die beiden Strohpuppen wieder wegräumen, ich glaube, die andern haben nun alle ihr Unterkommen gefunden."

Für August

In Vellern wird eine Zeitschrift „Die christliche Jungfrau" gehalten. Das Erscheinen der Hefte wird durch öffentlichen Anschlag an der Kirchentür bekanntgegeben. Diese Bekanntmachung ist jeden Monat in derselben Form abgefaßt.

Neulich war zu lesen: „Die christliche Jungfrau für August ist angekommen."

„Nu kiek es", sagte Ignaz zu seinem Nachbarn, „nu krieg unse Lehrer auck baolle 'ne Frau. Hier is't all anschlagen, dat se ankumen is." Der Lehrer hieß August mit Vornamen.

Von alten Tanten, Hunden und Schafen

Nicht heiraten ist besser! Das ist ein Rat des Apostels Paulus, aber offenbar für die Männerwelt bestimmt. Für die Frau bleibt die Heirat in den meisten Fällen die natürliche Erfüllung ihres Lebens, und die unverheirateten Mädchen werden nach vielen Enttäuschungen oft genug schnurrige und verschrobene Tanten. Seltsam ist auch, daß diese Tanten nach ihren eigenen Aussagen in der Jugend „sehr hübsch" waren, viele Verehrer hatten und „blendende Partien" machen konnten. Aber die Schönheit verschwand, und die herrlichen Partien hatten auch keinen Bestand.

In der Hellstraße in Ahlen wohnte früher in einem baufälligen Hause, das sie selbst „die Abtei" nannte, die Tochter des Küsters und Organisten Roeren, Elise Roeren. Sie selbst bezeichnete sich mit siebzig Jahren noch als „wohlachtbare Jungfrau", die Kinder auf der Straße hielten sie alle für die Hexe aus dem Märchen, denn sie hatte nur einen einzigen riesigen Zahn vorn im Munde, hinkte immer mit einem derben Knotenstock über die Straße, wusch sich möglichst wenig und trug als einzige Zierde eine gewaltige Nase vor sich her. Trotzdem hielt sie sich immer noch für eine Schönheit und versicherte, in ihren jungen Jahren hätten sich zwei Leutnants um sie gerissen und alle Referendare vom Amtsgericht sich in sie verliebt. Das erzählte sie so oft, daß sie es wahrscheinlich schließlich selbst glaubte.

Juffer Roeren, wie sie in Ahlen allgemein hieß, hielt sich auch für eine bedeutende Dichterin. Ihre gesammelten Werke bestanden aus einem Gedicht auf ihre drei Schafe und den dazugehörenden Bock und lautete: „Lieschen, Suschen und Job, alle springen im Galopp.“ Wenn sie dieses hervorragende Werk deklamierte — und sie tat es oft, wenn sie mit ihren vierbeinigen Hausgenossen zum Wall hinkte —, dann machte sie den Mund so spitz, daß er wie ein Strahlenkranz von hundert Falten aussah.

Als sie ihren Schafen mal die Köpfe kraulte, kam ein Vikar von der neuen Pfarre vorbei und fragte mit scheinbarem Interesse: „Fräulein Roeren, haben die Schafe denn auch Läuse?“ Sofort kam die bissige Antwort: „Nein, Herr Vikar, aber vielleicht können Sie aushelfen!“ — Als sie mal erkrankt war, schickte sie ein Kind zum Sanitätsrat und ließ ihn zu sich bitten. Der alte Mann kam auch sofort, konnte aber nicht ins Haus, weil alle Türen der „Abtei“ verschlossen waren.

Der Arzt dachte, es sei der Kranken etwas passiert, und ging rund um die Abtei herum, bis er im Hof eine kleine offene Tür fand und dann nach langem Suchen bis zum sogenannten Bett der holden Jungfrau vorstieß. Natürlich war der alte Herr etwas mißvergnügt und knurrte über Rücksichtslosigkeit und dergleichen. Aber da wurde die Juffer ganz große Dame und sagte spitz und herablassend: „Herr Sanitätsrat, in herrschaftlichen Häusern ist der Eingang für Ärzte, Briefträger und Lieferanten immer vom Hofe her!“

Ihre letzten Lebensjahre hat dieses weibliche Original im Vinzenzhospital verbracht. Dort besuchte sie auch mal der Dechant, erkundigte sich nach ihrem Befinden und fragte so nebenbei nach ihrem Alter. Da sah ihn das späte Mädchen mit großen Augen verwundert an und sagte finessig: „Herr Dechant, als Mann von Welt müßten Sie doch wissen, daß man eine Dame nie nach ihrem Alter fragt.“

*

Wenn Elise Roeren als einzige Hausgenossen vier Schafe hatte, war Mathilde Cohn in Oelde nie ohne ihre beiden Hunde Amor und Minor zu sehen. Mathilde ist nun tatsächlich eine auffallende Schönheit gewesen. Als die Familie Cohn noch wohlhabend war, wurde Mathilde in Bad Ems bei einer Reunion dem alten Kaiser Wilhelm vorgestellt, und Majestät, von so viel Scharm und Schönheit entzückt, tanzte einen Walzer mit ihr. Aber bald darauf verarmte die Familie durch fehlgeschlagene Spekulationen in Strons-

Juffer Roeren

berg-Aktien (Köln—Mindener Bahn als privates Unternehmen), und Mathilde verbitterte schnell und gründlich. Man durfte ihr mit keinem Wort zu nahe kommen, sonst konnte man einen Beleidigungsprozeß erwarten.

Den Apotheker Speith verklagte sie, weil er ihre Hühner in seinen Garten gelockt und darin zum Eierlegen verführt haben sollte. Der Zeitungsverleger E. Holterdorf mußte 60 Mark Geldstrafe bezahlen, weil er in der „Glocke" geschrieben hatte, Mathilde führe ein „sagenumwobenes Dasein". Den Jusitzrat Middendorf verklagte sie, weil er sie „eine Person" genannt hätte. Über den Amtsgerichtsrat Wagener, den sie fast täglich aufsuchte und mit tausend Fragen belästigte und der sie deshalb hinausgeworfen hatte, beklagte sie sich beim Landgerichtspräsidenten in Münster und fragte an, ob ein Amtsrichter ihre Eingabe einen „Wisch" nennen dürfe und sein Amtszimmer eine „Bude" und ob er eine Dame, die mit dem alten Kaiser Wilhelm getanzt habe, einfach vor die Tür setzen dürfe.

Garderobe hatte Mathilde Cohn nicht nötig. Sie besaß aus den Tagen des Glanzes so viele Kleider und so schöne, daß sie damit auskam. Sie trug diese Modelle einer längst vergangenen Mode mit der Grandezza einer Spanierin von Geblüt und verlor nichts von ihrem Hochmut, wenn sie in den Geschäften für zwei Pfennige Salz einkaufte. Geschenke nahm sie unter keinen Umständen an, lieber hungerte sie. Aber ihr Leben wurde immer schwerer, denn nur im Sommer und Herbst hatte sie kleine Einnahmen aus dem Verkauf von Obst, das in ihrem Garten wuchs. Die Kinder johlten hinter ihr her und warfen mit Stöcken und Steinen nach den Hunden. Ein Hund wurde von der Eisenbahn überfahren, sie nahm die Leiche mit und verwahrte sie in einem Karton. Auch alle krepierten Hühner und Katzen bewahrte sie zu Hause in Kartons und Kästen auf. Als sie infolge der vielen Prozesse Konkurs gemacht hatte, kam Gerichtsassessor Ewald Volmer (später Kammergerichtsrat) mit einem Gerichtsbeamten, um das Inventar aufzunehmen. Als er ahnungslos die Kisten mit den verwesten Tierleichen öffnete, fiel er ohnmächtig um und mußte aus dem Hause getragen werden.

Gestorben ist Mathilde Cohn in tiefster Armut, krank und verbittert im Alter von 73 Jahren im Marienhospital zu Oelde als eine der vielen Enterbten des Lebens.

Das neue Telephon

Piepenbrinks hatten auch Telephon angelegt. Man wollte doch zeigen, daß man mit der Zeit mitschritt. In den ersten acht Tagen erkundigten sich alle Hausbewohner täglich mehrmals bei den anschlußfähigen Nachbarn, was wohl für Wetter sei. Im übrigen wartete man geduldig den erhabenen Moment ab, wo man selbst mal angerufen würde. Besonders Wilm Piepenbrink wartete darauf. Wie ein junger Arzt den ersten Patienten erwartet, so sehnte Wilm das erste Klingelzeichen herbei.

Plötzlich war der Augenblick da. Die Familie saß gerade im Nebenzimmer beim Kaffee, als es schrill und lange schellte. Alle erblaßten. Wilm sah zur Uhr, um sich die Stunde und Minute genau einzuprägen, Großvater Piepenbrink nahm den Almanach und merkte sich das Datum. Dann horchten alle zum Nebenzimmer hin, wo Wilm den Hörer abnahm und ohne zu stottern rief: „Hallo, hier Piepenbrink!"

Pause. Lastendes Schweigen in beiden Zimmern.

„Hallo, hier Piepenbrink!"

Tiefe Stille. Die kleine Grete klapperte versehentlich mit dem Löffel im Knabbelkümpchen. „Pst!" mahnte Mutter Piepenbrink und drohte mit dem Zeigefinger.

„Hallo, hier Piepenbrink! Zum Donnerwetter, wer ist denn da?"

Auf einmal sagte das Dienstmädchen: „Dat is iäbens gar kien Telefong west, dat was män bloß de Weckuhr, de rappelt üm 4 Uhr."

Der Storch auf dem Drachenfels

In einer munteren Stadt des Kreises Beckum wohnten in einem Hause fünf Schwestern, die den besseren Teil erwählt und nicht geheiratet hatten. Die beiden ältesten aus Überzeugung.

Olli, die dritte, hätte beinahe geheiratet, aber der Kerl kam nicht wieder, der ging in ein anderes Haus, wo er sich verliebte, verlobte und vermählte. Da bekam Olli einen Haß auf die Männer. Käthe, die vierte, sagte: „Ich habe kein Talent zum Heiraten", und außerdem wurde sie nie in Versuchung geführt. Die Jüngste, Toni, das Nesthäkchen, ist eine verwöhnte Jungfrau und behauptet: „Wenn die Frau schon die bessere Hälfte ist, was soll ich mich dann noch mit der schlechten abplagen?"

Aber da wurde eines Tages das Wohnungsamt erfunden und erfreute sich bald allgemeiner Beliebtheit. Olli sagte im trauten Schwesternkreis: „Paßt auf, die kriegen es fertig und setzen uns Männer ins Haus, vielleicht einen unverheirateten Wüstling!" Und sie ging los und suchte unvermählte Damen mit solidem Lebenswandel: eine, zwei, drei Lehrerinnen. Jetzt war das Haus bis unter das Dach voll Jungfrauen, fünf und drei sind acht!, und niemand wagte sich mehr hinein. Die bösen Junggesellen nannten es den „Drachenfels".

In den Maientagen heiratete nun im Nachbarhause ein schlesisches Pärchen, das unterm Dach wohnte und andere Ansichten über das letzte Sakrament hatte. Die Freunde wollten dem jungen Paar nach alter Sitte einen Storch, einen Kinderwagen und eine Wäscheleine aufs Dach setzen, aber da sie nicht genau Bescheid wußten, montierten sie diese landläufigen Attribute einer Eheschließung nicht auf das richtige Dach, sondern auf das Dach, unter dem die acht Jungfrauen ohne den blassesten Schimmer einer leisen Ahnung schliefen.

Am andern Morgen steht Fräulein Käthe am Fenster hinter der Gardine und schaut auf die Straße. Da sieht sie den Briefträger Hoffmann auf der andern Seite, wie der immer nach oben blickt und dann still vor sich hinlacht. Er macht auch den dicken Metzger Reckhaus aufmerksam, und der lacht gleich, daß sich sein Mund vom linken bis zum rechten Ohr zieht. Auch alle anderen Passanten bleiben stehen, schauen nach oben zum Dachfirst und lachen, lächeln oder grinsen.

„Was ist denn mit unserem Haus los?" ruft Käthe, „das will ich doch wissen!" Sie geht auf die Straße, kommt leichenblaß zurück und schreit: „Wir haben 'n Storch auf dem Dach!" — „'n Storch?!" rufen die Schwestern. „Ja, und 'n Kinderwagen!" — „'n Kinderwagen?!" — „Ja, und 'ne Wäscheleine mit Windeln." — „Das ist 'ne Gemeinheit!" — Gewiß war das 'ne Gemeinheit, aber es hat zwei Stunden gedauert, bis ein Gärtnerlehrling und ein Klempnergeselle die Gemeinheit abmontiert hatten. Die beiden haben das so langsam und hübsch gemacht, daß alle Passanten ihre helle Freude daran hatten, und dann nahmen sie noch fünf Mark für ihre sogenannten Bemühungen.

Der Oberst im Spritzenhaus

Es war in der Zeit, als der letzte deutsche Kaiser seinen Schnurrbart rechtwinklig nach oben bürstete und die meisten seiner Beamten sich bemühten, mit Pomade und Schnurrbartbinden etwas Ähnliches zu erreichen. Das war für viele beinahe eine Lebensaufgabe, und nicht umsonst hieß diese Barttracht auf dem Gipfel ihrer Vollendung: „Es ist erreicht."

Außer den Beamten, die allerdings nicht so zahlreich wie heute waren, gab es noch viel Volk, das nur wenig zu sagen hatte und mit diesem Zustande merkwürdig zufrieden war. Die Zeit stand durchaus nicht still, aber das Leben war im Vergleich zu heute ungemein harmlos. Beinahe aus Langeweile erfand man für Möbel und Hausfronten den sogenannten „Jugendstil", und es ging das geflügelte Wort, wenn eine moderne Frau zur Ruhe ginge, dann liege die Jugend auf dem Stuhl und der Stil im Bett.

Die Frauen waren übrigens schlimm daran, noch übler als die Männer. Zur Unterhaltung gab es weder Kinos und Cafés noch Autofahrten. Um die Jahrhundertwende sagte der Pastor von Sünninghausen immer wieder von der Kanzel: „mulier taceat in ecclesia", das Weib schweige in der Öffentlichkeit! Und als mal in Ahlen eine Frau beim Baden ertrunken war, rief er empört: „Es ist ein Skandal für die ganze Gemeinde! Frauen gehören nicht ins Wasser!"

Die Männer dagegen erholten sich in zahllosen Klubs und Vereinen. Zwar waren Fußball und Handball, Motorrad und Auto fast unbekannt, aber es gab Raucherklubs, Skatklubs, Schachklubs, Kegelklubs, Reitervereine, Gesangvereine, Schützenvereine, Kriegervereine usw. Die Kriegervereine nahmen eine Ausnahmestellung ein, weil von ihren Mitgliedern der Nachweis militärischer Ausbildung verlangt wurde, während im Schachklub oder Gesangverein auch „der krummste Hund" mitmachen konnte.

Zweck der Kriegervereine war, Kaisers Geburtstag, Sedan und das Kriegerfest gründlich, möglichst zwei Tage, zu feiern. Zwischendurch gab es noch Kreiskriegerverbandsfeste. Eines davon war um 1900 in Stromberg, und dabei kam der Oberst Carl Schulze Wibberich vom Kriegerverein Sünninghausen unverhofft ins Spritzenhaus.

In Hartwigs Garten, unter den dichten Kronen der hohen Bäume, saßen bei diesem denkwürdigen Feste die mutigen Krieger aus

Beckum, Oelde und Ahlen, aus Ennigerloh, Sendenhorst und Herzfeld, aus Sünninghausen, Diestedde und Vellern, aus Dolberg, Wadersloh und Liesborn, aus Enniger, Lippborg und Neubeckum. Alle Gemeinden des Kreises waren vertreten, und Landrat Hoffmann saß im Kreise der Offiziere etwas abseits von der wimmelnden Menge.

Es war sehr heiß. Die Kellner waren machtlos gegen so viel Männerdurst. Darum beschränkten sie sich auf „die besseren Gäste", die rings um den Landrat saßen, Erdbeerbowlen tranken und nach Trinkgeldern aussahen. Alle anderen Krieger bedienten sich selbst, wie sie das von den Kasernen her gewohnt waren. Sie holten sich schäumende Bierkrüge aus Hartwigs Küche oder kauften Schnaps in Flaschen und kleine Bierfässer für den ganzen Verein.

Am späten Nachmittag gingen die Wogen begeisterter Kameradschaft haushoch. Einige Krieger schwankten wie Ruderboote bei Windstärke neun, andere umarmten einander vor lauter Schnaps und Rührung und weil man auf vier Beinen sicherer steht. Die Kasernenwitze, die man sich anfangs schmunzelnd erzählte, wurden nun etwas saftiger von Tisch zu Tisch hinübergebrüllt, und als die Militärkapelle das Lied vom Feldmarschall Blücher spielte, da sangen die Krieger aus Ahlen doppelt so laut: „Juchheirassassa, die Ahlener sind da, die Ahlener sind lustig, sie rufen hurra!"

Als die letzte Strophe verklungen war, stieg der Oberst Carl Schulze Wibberich auf den Tisch, wurde von drei Sünninghauser Kriegern festgehalten und begann zu reden: „Kameraden! Wir feiern heute ein herrliches Fest. Aber es würde noch viel schöner sein, wenn sich die Offiziere nicht abseits hielten, sondern mitten unter uns säßen. So gehört sich das! (Bravo!) Ich habe den Krieg von 70 mitgemacht, ich habe vor Straßburg gelegen und vor Paris, ich habe die Kämpfe bei Gravelotte und Sedan mitgemacht, aber immer waren die Offiziere in unserer Mitte (Bravo!). Die haben sich nicht hinter die Büsche verdrückt! (Pfui!) Auch der Rittmeister nicht und der Major nicht . . ."

„Steigen Sie vom Tisch!" unterbrach ihn eine barsche Stimme. Carl Schulze Wibberich sah zur Seite und erblickte den Schandarm von Beckum. Er schaute nach links und sah in das friedlichere Gesicht des Oelder Schandarms. „Was soll das bedeuten?" fragte der Oberst verblüfft. „Im Namen des Gesetzes! Sie sind verhaftet! Kommen Sie mit!" — „Warum denn? Weshalb?" — „Weil Sie gegen die Herren Offiziere Hetzreden halten. Aber reden Sie nicht lange, kommen Sie vom Tisch herunter! Auf Befehl des Herrn Landrats werden Sie vorläufig eingesperrt!"

Langsam und zögernd stieg der Oberst vom Tisch und wollte sich in Marsch setzen. „Unerhört! Das ist Freiheitsberaubung!" rief ein Zeitungssetzer von der „Glocke". Da faßte ihn der Beckumer Schandarm so scharf in den Nacken, daß der Hut abflog, und nahm den Ruhestörer auch mit. Nun ging der traurige Zug durch die Straßen von Stromberg zum Spritzenhaus, vorne der Oberst Carl Schulze Wibberich mit Epauletten, Schärpe und Schleppsäbel, dahinter der Setzer mit zerbeultem Hut, rechts und links ein Schandarm.

Erst als der Zug verschwunden war, kam es den Sünninghausener Kriegern zum Bewußtsein, welche Schmach ihnen angetan war. Unter ihnen waren wilde Gesellen. Bei der letzten Kontrollversammlung in Beckum hatten zwölf von ihnen in einem Porzellangeschäft ein Dutzend neue Nachttöpfchen gekauft, hatten sie bei Vößken Schrulle mit Bier füllen lassen, fünf Straßenmusikanten gemietet und dann einen Festzug durch Beckum angetreten, wobei immer wieder aus dem originellen Töpfchen getrunken wurde.

Natürlich hatte die Behörde wieder keinen Sinn für Humor gehabt und den Festzug als groben Unfug verurteilt. Alle mußten einen Taler Strafe zahlen, behaupteten aber, der Spaß sei wenigstens fünf Mark wert gewesen.

Nun standen sie ohne Oberst in Hartwigs Garten, verhöhnt und verlacht. „Dat laot wi us nich gefallen!" brüllte der lange Laban. Auch die anderen schrien: „Auf zum Spritzenhaus! Wir wollen unsern lieben, alten Oberst wiederhaben!"

Die empörten Krieger, alle stark dreiviertel betrunken, setzten sich in Marsch. Andere Vereine schlossen sich an. In wenigen Minuten war Hartwigs Garten beinahe leer. Alles zog durch die Straßen zum Spritzenhaus. Die Schandarmen hatten das Arrestlokal abgeschlossen und sich dann schnell verdrückt, um größere Unruhen zu vermeiden.

Aber die Sünninghausener dachten gar nicht an Krawall. Sie versuchten die Tür loszubrechen, und als das nicht glückte, deckten sie einfach das Dach ab, rissen die Decke auf und befreiten die Gefangenen durch das Dachgeschoß. Dann zogen sie und die meisten anderen Vereine mit fliegenden Fahnen nach Hause. Das Verbandsfest war plötzlich zu Ende. Landrat Hoffmann ließ alle Stromberger Wirtschaften schließen, nur eine nicht, in der er mit seinen Getreuen weiterkneipte bis zum ersten Hahnenschrei! Aber es gab noch ein Nachspiel. Der Sünninghausener Kriegerverein wurde aufgelöst und mußte seine Fahne abgeben. Aus dem Kriegerverein wurde dann ein blühender Schützenverein. Der Landrat Hoffmann aber hatte auch nicht gesiegt. Er bekam einen längeren Urlaub und wurde anschließend als Regierungsrat nach Stettin strafversetzt.

Ein Versehen

Frau Bäcker Speckmann wollte ihre Tochter im Pensionat in Freckenhorst besuchen. Um zwei Fliegen mit einer Klappe zu schlagen, fuhr sie am Krüßingstage hin, wo die ganze Umgegend dort zusammenströmt. Im Zuge Neubeckum—Warendorf war es natürlich brechend voll. Frau Speckmann saß eng gepreßt zwischen zwei Herren. Sie konnte sich kaum bewegen.

Auf einmal fiel ihr ein, daß sie vielleicht ihr Portemonnaie verloren haben könnte, und sie suchte es. Oder probierte es doch wenigstens, denn sie konnte ihre Tasche gar nicht finden, und wenn sie sie gefunden hatte und knöpfte los, dann wurde ihr der Arm steif, und sie mußte wieder aufhören.

„Kann ich Ihnen helfen?“ fragte der Herr nebenan.

„Nein, danke, ich werde schon fertig“, sagte sie und suchte und knöpfte weiter. Auch diesmal ohne Erfolg.

„Ich will Ihnen lieber behilflich sein“, sagte da der Herr und lächelte, „Sie haben mir nämlich jetzt schon zweimal die Hosenträger abgeknöpft.“

Weinessig

In Hoetmar war Kriegerfest. Ein Weinhändler aus Münster hatte Moselwein im Fäßchen geliefert. In letzter Minute bemerkte er aber, daß versehentlich statt des Moselweines ein Fäßchen Essig abgegangen war. Schnell sandte er seinen Reisenden nach Hoetmar, der den Irrtum aufklären und um Entschuldigung bitten sollte.

Der Reiseonkel kam indessen zu spät. Das Kriegerfest war in vollem Gange. Die üblichen Wogen der Begeisterung gingen schon beträchtlich hoch. Als er die Wirtin beiseite nahm und in höflichster Form das Versehen zu entschuldigen bat, sagte die gute Frau: „Nu segget män nix von den Essig, se sind'n all gewuhnt un häfft dat Fättken binaoh lieg.“

Das Hindernis

Zwei Knaben gerieten auf der Dorfstraße in Streit. Mit Schimpfen und Schuppen fing es an, aber zu einer regelrechten Schlägerei kam es doch nicht, weil der eine von den beiden nicht recht mittat.

Gerade, als man nach alter Erfahrung erwarten sollte, daß die beiden im nächsten Augenblick sich auf der Straße wälzen und nach Herzenslust verprügeln würden, sagte der merkwürdig friedlich Gesinnte zu dem anderen: „Du kannst di freuen, Jüngesken, ick will di vandage nix dauhn, ick häff gistern kummseert un sin nao im Stande der heiligmachenden Gnade; aower waochte män, ick sin der wanners wier out, un dann kriegste dien Fett wäg!"

Opa fährt Auto

Es war durchaus nicht so einfach gewesen, den alten Opa Wittkamp für eine Autofahrt zu begeistern. Da er schon seit langen, langen Jahren schlecht auf den Beinen und fast gelähmt war, kam er selten nach draußen und hatte für alle Erfindungen der Neuzeit nur mäßiges Interesse. Es stand für ihn fest, daß er nur deshalb so alt geworden war, weil es in seiner Jugend noch keine Autos gab und weil er in den letzten Jahrzehnten ans Haus gefesselt war und ihn deshalb kein Auto überfahren konnte.

Aber die junge Generation, seine Enkel, hatten einen Scherz mit ihm vor und ließen deshalb nicht locker. „Opa, sogar de Bischof kümp met'n Auto!" sagte Alfons, der den ersten Führerschein in der Familie erhalten hatte. Der Opa sah ihn mit ganz großen Augen an: „So? De Bischof kümp met'n Auto. Hm! Et was doch schöner, as se fröher in'n Landauer sätten un de ganze Reiterverein vörout!" — „Nä, Opa, dat päß nich mähr in de Welt, dat geiht to langsam, dann kumt se je gar nich voran!"

„As ick nao jung was", fing Opa an und machte eine kleine Kunstpause, da sei er mal bei seiner ältesten Schwester Anna zu Besuch gewesen, die zwischen Lette und Beelen verheiratet war. Und gerade in jenen Tagen war der Bischof von Münster mit seinem Kaplan im Kutschwagen durch den Sandweg gefahren, wo damals nur alle halbe Stunde ein Haus lag.

Da hatte der Bischof gehalten, der Kaplan war ins Haus geeilt und hatte die Anna gefragt, ob der Herr Bischof wohl ein dringendes Geschäft erledigen könne, das auch des Kaisers Majestät nicht umgehen dürfe. Anna nickte und wurde ganz fix. Sie wußte, daß ihr eigenes Appartement in diesem Falle nicht genügte, sie stellte darum einen dreibeinigen Sitz, den auch die verstorbene Oma in ihren letzten Jahren benutzt hatte, im Schlafzimmer über einen Eimer, deckte das rohe Holz mit frischgebügelten Taschentüchern ab, legte eine bunte Bettvorlage davor und zur Bequemlichkeit das einzige Sofakissen an die Rückseite, stellte zwei brennende Kerzen links und rechts und legte als Papier eine Tortenserviette mit Spitzen parat. Dann erst ließ sie den hohen Gast eintreten.

Zum Abschied sagte sie: „Herr Bischof, es war mich eine große Ehre. Ich kann Sie leider keine Tasse Kaffee anbieten, weil ich keine einzige Bohne im Hause habe. Aber wenn ich Sie schnell ein paar Eier in die Pfanne schlagen soll — —“ Nein, der Bischof dankte, er hatte bereits gefrühstückt, er dankte auch ganz bewegt für alle Zuvorkommenheit und fuhr dann weiter durch den Sand auf Beelen zu. Ja, das waren noch Zeiten! Da hatten die Leute Respekt und wußten, was sich gehörte. Aber heute — —?

Die junge Generation schmunzelte über diese Erinnerungen eines alten Mannes, und Thea sagte: „Opa, fahr män dreiste mit, Papa und Mama sind heute just weg und merken nichts, wir pucken dich gut ein, daß dir nichts passiert, und in zwanzig Minuten biste wieder hier und hast alles hinter dir!“ Da gab der Opa nach, denn Thea war sein Liebling, und er war bei ihrer Taufe Äspate gewesen.

Thea zog ihm den dicken Wintermantel an und legte ihm eine Binde über die Augen. „Kind, ick kann je nix seihn!“ protestierte er, aber Thea sagte: „Das is auch nich nötig, die Hauptsache is, daß du Auto fährst und dir dabei die Augen nicht verkühlst. Sollst mal sehn, wie nett das geht!“ — Der alte Opa wurde nun behutsam zum Wagen geführt und in den Rücksitz gesetzt, Thea saß neben ihm, Alfons klemmte sich hinter das Steuer, und Gustav nahm neben ihm Platz.

Es war von vornherein vorgesehen, daß der offene Wagen den Hofplatz nicht verlassen sollte und die ganze Fahrt nur markiert wurde. Alfons ließ den Motor rattern und hupte ab und zu, zwei andere standen auf den Trittbrettern und wippten das Auto hin und her. Der dritte wehte mit einem Besen dem Opa den nötigen Wind ins Gesicht. „Dat geiht je wahne harre“, meinte der alte Herr, „et is män gued, dat ick dat Dauk vör de Augen häff.“

„Ja, Opa, das hab' ich dir gleich gesagt“, entgegnete Thea, „paß mal auf, wenn es gleich bergab geht, dann merkste erst den Zugwind.“ Der Junge mit dem Besen arbeitete nun wie besessen und paßte nur auf, daß er dem Großvater nicht direkt an die Nase geriet. „Wo sind wi denn nu?“ fragte der alte Herr. „Wir sind jetzt am Mackenberg“, sagte Thea und konnte vor Lachen kaum sprechen. „Jä, dao hät Krögers Kasper fröher de eesten Kalküöbens hat“, nickte der Opa, „de Steenkühlers, dat wörn ganz dulle Kerls, de häfft den Schnaps in Emmers von Surhoffs halt un in Kaffitassen outdrunken.“

„Jetzt sind wir schon am Flimmerberg“, sagte Thea. „Dat geiht aower schwanke“, meinte Opa, „niehmt Ju in acht, hier is de Lährin Tingelhof out Sünnissen es met'n Wagen ümkippet. Dat was so 'ne Dicke, und et sall 'n richtigen Fettplacken up de Straote gieben häbben.“ Alle lachten und freuten sich, daß sie einen Grund dazu hatten. „Nun geht es links ab nach Sünninghausen“, belehrte Thea. „Sünnissen hett dat“, entgegnete Opa, „ick häff dao bi Stromers es 'n Schellfischiätten metmakt, dao gafft Schellfisch met Tuffeln un Buotter un ächterhier Danz!“

„Rächts mott nu Holsens un Sprenkers Hoff liggen“, sagte der Großvater. „Holsen Therro häff ick nao gued kannt, un de aolle Sprenker hät seßteihn Kinner hat, aower nich von eene Frau.“ Im Hintergrund schlug nun ein Junge an eine aufgehängte Stahlschiene, daß es wie Glockenläuten klang. „Wir sind kurz vor Sünninghausen“, sagte Thea, „hörst du das Läuten? Die Nachmittagsandacht fängt an.“

„Häfft de denn bloß eene Glocke?“ staunte Opa. „Ja, die anderen beiden haben sie im Kriege abgegeben“, belehrte ihn Thea, „nachher haben sie sich erst mal 'ne neue Orgel angeschafft.“ — „Ne Öörgel is auk ganz schön“, gab Opa zu, „aower von Glocken häfft de annern mähr, de jüst nich in de Kiärke sind.“ Unterdessen war ein Junge herangesprungen, der etwas Mist auf einer Forke herumschwenkte.

„Mein Gott, sind de hier denn up'n Sunndag an't Ahlföhern?“ staunte der alte Mann. „Nein, Opa, wir sind hier an Schultens Wiesen“, belehrte ihn Thea, „die haben sicher gestern nachmittag gejaucht und etwas viel draufgelassen.“ — „Mag wull sien“, entgegnete Opa, „de Schulte hät je genaug, den kümp et nich up 'ne Tunne vull an!“

„So, jetzt kommen wir nach Heiringhoffs in Keitlinghausen“, bemerkte Thea als Reisebegleiterin. „Schade, dat Heiringhoffs Bähndken nich mähr liäwet“, sagte der alte Herr wehmütig, „süß här ick hier eenen outgieben!“ — „Ach, wir sind ja gleich zu

Hause", sagte Thea, „da kannst du das ja nachholen!" — „To House is dat nich datsölwe", erwiderte der alte Mann und schüttelte den grauen, eingemummten Kopf.

„Dao sind wi wier to Hous", sagte Alfons und stellte den Motor ab. Die Jungen hörten auf zu schaukeln und riefen: „Wi hätt di de Fahrt gefallen, Opa?" — „Oh, ganz gued", sagte Opa nachdenklich, „man beliäwet je so allerlei. Aower ick meine, man könn auck genau so gued to Hous bliewen un lött sick alles vertellen, dann hät man datsölwe un brauk sich nich de Augen taubinnen laoten."

Opa fährt Auto

Der Liebesbrief

Ein junges Mädchen aus Wolbeck schrieb einen Brief an ihren Freund und fragte die Mutter: „Mama, wie schriff man ‚Sack'?" — „Met ck!" sagte die Mutter. — „Wie schriff man denn ‚mem'?" — „Schrief män met twee ‚m'!" entgegnete die Mutter, war aber doch neugierig, was wohl in dem Brief geschrieben stand. Als das Mädel mal herausging, sah die Mutter schnell nach und las: „Lihber Baul! Kümste Sundag to Faute, oder sack di memm Fahrrad afhalen?" Also: Poussieren gut, Rechtschreiben mangelhaft!

Gott Vater

Der alte Schulte war ein echter Münsterländer, groß, breit, schwer, konservativ und, wenn es sein mußte, auch saugrob. Außerdem gehörte es zu seinen Eigenschaften, immer anders zu handeln als die andern. Wenn alle in der Kirche niederknieten, stand er ganz allein auf, aber wenn alle aufstanden, so kniete er andächtig nieder. Er trug auch nie einen gestärkten Leinenkragen, sondern knüpfte mit Geschick und gutem Geschmack ein seidenes Tuch um den Hals. Sein Haar wurde fast nie geschnitten, es hing in silberweißen Locken tief in den Nacken, und da sein weißer, sehr gepflegter Vollbart auf die breite Brust niederwallte, hieß er in weiten Kreisen nur „Gott Vater". In Oberammergau hätte er sofort mitspielen können, aber unter so vielen Vollbärten, Aposteln und Hohepriestern hätte er sich aus Protest wahrscheinlich rasieren lassen. Und das wäre jammerschade gewesen.

Gegen Schluß des ersten Weltkrieges stand der Schulte fast ohne Hilfe auf seinem großen Hofe. Seine beiden Söhne und zwei Knechte waren eingezogen, als Ersatz schickte man ihm zwei galizische Mädchen. Beide versicherten mit lebhaftem Kopfnicken, daß sie schon häufig Kühe gemolken hätten und in allen ähnlichen Arbeiten wohl bewandert seien. Dann kratzten sie sich erst einmal gründlich, die eine am Hinterkopf und auf dem Rücken, die andere mit Ausdauer am Oberschenkel.

Nachher zogen sie mit den Melkeimern zu den Kühen in die Wiesen. Gefährlich war es bei dem Rindvieh nicht, denn des Schulten Kühe hatten niemals Hörner, schon den neugeborenen Kälbern wurden solche Zwecklosigkeiten wegoperiert, damit sie sich später nicht erst die Hörner abzulaufen brauchten. Als nun der Schulte einige Minuten später in die Wiese ging, um sich das Probemelken aus der Nähe anzusehen, erlebte er eine tolle Komödie.

Die Magd mit den Flöhen am Oberschenkel setzte soeben den Eimer unter eine Kuh und wartete ab, daß er voll Milch laufe. Unterdessen kratzte sie ihr Wuschelhaar durcheinander. „Herrjeses!“ rief der Schulte, „der Eimer läuft doch nicht von selber voll, nun melken Se doch!“ Aber die beflohte Maruschka verstand weder Deutsch noch Melken, zuckte gleichgültig die Achseln und kratzte sich ausgiebig auf dem Rücken.

Nun schickte der Schulte die andere Magd vor. Die schritt wie ein preußischer Grenadier auf die Kuh los, ergriff den Schwanz wie einen Pumpenschwengel und pumpte wie besessen darauf los, bis die Kuh entsetzt ausriß. Der Schulte wollte erst erbost schimpfen, aber er konnte es nicht, er mußte sich die Seiten halten vor Lachen, und dann erst jagte er die beiden „Gehilfinnen“ vom Hof und setzte ihre Betten unter Insektenpulver.

Nach einem sehr langen und ungewöhnlich kalten Winter baute der Schulte im Sommer, nach der Ernte, eine Zentralheizung. Sie war seine eigene Erfindung, sein eigenstes Patent. Nicht weit vom Hause stand ein alter Backofen, der nicht mehr benutzt wurde. Darin gedachte er mit Eichenknubben und anderem unbrauchbaren Holz heiße Luft zu erzeugen und diese durch isolierte Ofenrohre in das Haus, die Küche und alle Zimmer zu führen. „So, niemand soll frieren!“ sagte er zufrieden.

Die Idee war gut, aber in der Praxis versagte die Heizung vollkommen. Im Backofen war glühend heiße Luft, aber im Hause blieb es hundekalt. Da konstruierte sich der Schulte einen Stuhl, dessen Beine unten mit mehreren Asbestscheiben geschützt waren. Diesen Stuhl praktizierte er oben auf den Küchenherd, zog Holzschuhe an und setzte sich mit der langen Pfeife so auf den Stuhl, daß die vom Herd aufsteigende Wärme ihn von allen Seiten wohlig umhüllte. Nun sah er erst recht aus wie Gott Vater auf seinem Thron. Sein freundliches Gesicht strahlte vor Behagen, und der Tabaksqualm umgab ihn wie himmlische Wolken.

Wollte er aber eine besondere Feierstunde haben, so ging er in seine herrlichen Wälder. Wie die meisten Münsterländer Bauern hatte er eine besondere Liebe zu jungen Pferden und alten Bäumen. Die alten Bäume waren ihm eigentlich noch vertrauter. Sonntags ging er allein durch den Wald und wußte ganz genau, wo seine Lieblinge standen: alte Eichen, die man mit beiden Armen nicht umspannen konnte, schlanke Buchen, die wie Kirchenpfeiler in die Höhe strebten.

Die Milchpumpe

Dann ging er auf eine zweihundertjährige Eiche zu, klopfte ihre rauhe Rinde, wie man einen Pferdehals tätschelt, und fragte: „Wek häörs du to?“ Mit tiefer, verstellter Stimme antwortete er dann nach einer Weile: „Ick häöre den Schulten!“ — „Dat wull ick meinen!“ sagte er selbstzufrieden und ging weiter zu seinen anderen unverkäuflichen Lieblingen. Aber nur die stolzesten seiner Eichen erfreuten sich solcher Stippvisiten.

Einmal sind Fremde ohne seine Einwilligung über seine Bäume hergefallen. Da wurde in seiner Gemeinde der Neubau der Kirche beschlossen, und der Schulte vertrat den Standpunkt, daß die Kirche in die Mitte der Gemeinde gehöre, damit alle möglichst einen gleich langen Kirchweg hätten. Da aber das Dorf am Rande der Gemeinde liege, könne die neue Kirche unter keinen Umständen in das Dorf gebaut werden. Die Dorfbewohner hätten ohnehin viel zu viele Vorteile und wären schon ganz übermütig. Sollte aber trotzdem die neue Kirche wieder in das abgelegene Dorf gebaut werden, so würde er bis an sein Lebensende keine Kirchensteuer bezahlen.

Natürlich hatte dieser Protest keinen Erfolg, die Kirche erstand wieder im Dorf an der Gemeindegrenze, und der Schulte stellte prompt die Zahlung der Kirchensteuer ein. Aber nun erschien in jedem Jahr der Vollziehungsbeamte und pfändete für rückständige Steuern einen passenden Baum. Der Schulte sah grimmig zu und paßte nur auf, daß höchstens Bäume genommen wurden, die er aus irgendeinem Grunde nicht leiden mochte.

Er ist nie ernstlich krank gewesen, das gehörte sich ja auch nicht. Gegen Ärzte hatte er schon aus diesem Grunde eine gewisse Abneigung, besonders aber gegen Homöopathen. Als ihn mal ein Nachbar fragte, was man eigentlich unter Homöopathie verstehe, sagte er nach kurzer Überlegung: „Je, Anton, dat will ick di seggen, viel is se nich wäert. Wänn du 'n grauten Plack Katuffelland häst, un du geihst dao es drüöwer un lößt äinen sousen, un du denkst di dann, dat wör Düngung naug för düsse Ecke Tuffeln, dat is Homöopathie!"

„So, mähr is dat nich?" fragte Anton sehr erstaunt. „Nä, mähr is dat nich! Louter Bedraigerie!" sagte der Schulte. Gegen Ende seines Lebens wollte er noch einen Lieblingsplan verwirklichen. Er wollte eine Scheune bauen, die sehr tief lag, so daß man mit den vollen Erntewagen bis an das Dach heranfahren und die schweren Garben leicht von oben hineinwerfen konnte, statt sie mit der Forke mühsam nach oben zu heben. Aber der Tod holte ihn zu früh ab. Nun ruht er auf dem Friedhof. Auf seinem Grabe steht nach seinem Wunsch ein mächtiger Eichenstamm, höher als alle anderen Grabbäume, ein Stück jener Lieblingsbäume, die er so oft gestreichelt hat. Hier ruht er nach einem gesegneten, arbeitsreichen Leben bis zum Jüngsten Tage aus.

Das Lied vom Kupferschmied

War in Oelde ein Kupferschmied,
Sang des Nachts ein frohes Lied,
War zwar nur ein einz'ger Ton,
Doch der Schutzmann hatt' ihn schon,
Hielt den Schmied fest an den Haaren,
Da ließ der noch einen fahren.

Weil der Schmied Radau gemacht,
Ward er vor Gericht gebracht
Und bekam ein Strafmandat,
Weil man ihn gerochen hat.
Doch der Kupferschmiedgeselle
War aus Sachsen und recht helle,

Fühlt sich schuldenfrei und quitt,
Weil er oft an Blähung litt.
Amtsgerichtsrat Wagner sprach:
„Nun liegt alles klar zu Tag,
Handelt's sich bei diesem Streiten
Doch nur um Fahrlässigkeiten.

Und weil wir aus Oelde sind,
War's doch schließlich Oelder Wind,
Den hat aber selbst bei Nacht
Nie die Polizei in Pacht!"
Also hat der Rat gesprochen,
Und die Tat blieb ungerochen.

Durch die „Glocke" ward der Fall
Mitgeteilt dem Erdenball,
Und das Ausland sprach: „Hört, hört!
Daß man so zuweilen stört,
Ist doch eigentlich nur üblich
Und das Gegenteil betrüblich!"

Als in Oelde nach dem Krieg
Fürchterlich der Dalles stieg,
Malte man den Schmied aufs Geld,
Schickt' ihn stolz in alle Welt.
So fand schließlich eine Störung
Ruhm und öffentliche Ehrung.

Bestrafter Größenwahn

Zwischen Beelen und Greffen beobachtete ich einst, wie eine Frau ihren Jungen, einen zwölfjährigen Bengel, jämmerlich verhaute. Ich fragte sie, was der Schlingel denn verbrochen hätte.

„He hät den Größenwahn, aower ick will em den Größenwahn wull outdrieben!" sagte sie entrüstet.

„Größenwahn?" fragte ich nachdenklich; ich konnte mir nicht recht erklären, was die gute Frau wohl meinte.

„Alles mot he usen Papa naomaken", fuhr sie da eifrig fort. „Alles mot he naomaken; man kann't gar nich seggen, wat he alles naomaken will, un daobi is't em iäbens in de Büxen gaohn. Aower ick will em den Größenwahn wull outdrieben!"

Von witzigen Wirten und durstigen Gästen

Im Münsterland hat es immer ausgezeichnete Gaststätten gegeben, besonders in früheren Jahrzehnten, als die Geschäftsreisenden noch mit dem Kutschwagen über Land fuhren und infolgedessen häufiger und auch in kleineren Ortschaften übernachten mußten. Es bildete sich unter den Wirten von selbst eine gewisse Gastwirte-Aristokratie heran, die es als eine Lebensaufgabe betrachtete, zunächst mal ihre Gäste möglichst sorgfältig und gut zu bedienen und dann vielleicht auch mal ans Verdienen zu denken. Aber Leuten, die im Auto vor einer Dorfkneipe zufällig halten, braucht es ein Dorfwirt gar nicht gemütlich zu machen; diese Herrschaften haben es immer eilig, sie trinken an der Theke einen Schnaps oder höchstens eine Tasse Kaffee und fahren weiter, ohne etwas von Aufmerksamkeit gemerkt zu haben. So sterben die seßhaften Gäste und die aufmerksamen Wirte aus!

Unter den Wirten gab es natürlich eine ganze Reihe Originale. Da war in Verl der Pächter des Hotels Blankemeyer, Herr Pape, von seinen Stammgästen nur Onkel Emil genannt. In seinen Glanzjahren hat er nicht viel weniger als drei Zentner gewogen, und daher suchte er sich jeden überflüssigen Weg zu ersparen. Die Tische für die Gäste hatte er so geschickt um die Theke gruppiert, daß er jeden Gast vom Bierkran aus bedienen konnte. Er selbst saß auf einem erhöhten Stuhl am Kran, zapfte ein und stellte dann das Glas auf eine lange Latte, die sich vorne wie ein Spaten verbreiterte. Vorn war eine sinnreiche Konstruktion angebracht, die das

Bierglas unter allen Umständen festhielt, bis es der Gast, dem es auf der „langen Hand“ herübergereicht wurde, selbst fortnahm. Die alten Stammgäste fanden nichts mehr darin, neue Gäste wollten sich wohl kranklachen.

Nachmittags trank Onkel Emil aus einer riesigen Tasse Kaffee, natürlich an der Theke. Wir saßen in der Nähe und spielten Skat. Da sah ich, daß Onkel Emil eine naschhafte Fliege beobachtete, die nahe bei seiner Riesentasse Zuckerkrümchen pickte. Plötzlich ließ der Onkel seine schwere Rechte auf die kleine Fliege niedersausen, aber leider streifte die Spitze seines Zeigefingers den Rand der Untertasse, diese wirkte wie ein Wurfhebel und schleuderte das volle Kaffeegefäß mitten auf die weiße Weste des massiven Gastrats, der nun natürlich furchtbar lebendig wurde und das ganze Haus zusammenrief.

*

Unvergeßlich ist allen, die ihn gekannt haben, der Wirt Johannes Brentrup vom Jägerheim bei Wiedenbrück, weit und breit berühmt als „Füchtenjans“. Er hatte eine wunderbare Unterhaltungsgabe, in seiner Gesellschaft war es nie langweilig, und wenn der Gesprächsstoff mal auszugehen drohte, dann griff er zur Mandoline und sang die alten und doch immer wieder neuen Liedchen von der „reizenden Ki-Ka-tharina“ oder vom „blaukarierten Kleid“. Alle Stammgäste sangen mit und dachten nicht ans Nachhausegehen.

Füchtenjans besaß auch ein fabelhaftes Personengedächtnis, er kannte Gäste, die er vor langen Jahren einmal gesehen hatte, sofort wieder. Manchmal hatten wir ihn allerdings im Verdacht, daß er nachhalf. So sagte er einem Reisenden, der angeblich vor zwölf Jahren im Jägerheim Kaffee getrunken habe und der sich durchaus nicht entsinnen konnte: „Mein Gott, das können Sie doch nicht vergessen haben! Sie haben doch noch Streuselkuchen nachbestellt! Es war doch in dem heißen Sommer, acht Tage nach Peter und Paul, wir saßen hier am Tisch, und da drüben saß ein Pater, der nach Rietberg wollte!“ Da nickte der Reisende und war stolz, daß man ihn nach so langer Zeit sofort wiedererkannt hatte.

*

Sehr witzig war Heiringhoffs Bähndken in Keitlinghausen. Er war ein Zwerg und schaute nur mit einem übergroßen Kopf über die Theke hinweg. Den Bierkran konnte er mit der Hand nicht erreichen, aber er dirigierte ihn sehr geschickt mit dem Schaumlöffel. Um ein Päckchen Tabak — Oldenkott oder Kiepenkerl — oben aus dem Regal zu holen, hatte er eine Stange mit einem kleinen Haken, mit dem er die Pakete sicher herunterzog. Für Witze jeder Qualität war er immer empfänglich und erzählte sie auch gut und gerne weiter. Nur einen seiner Gäste mochte er viermal im Jahre nicht leiden, das war sein Nachbar Kr., der in jedem Quartal sich zwei Wochen lang mordsmäßig bekneipte. Bähndken merkte das schon vorher und versuchte das Übel abzuwenden, aber Kr. trank einfach alles aus, was er erreichen konnte, ob es ihm gehörte oder nicht. Wer nicht aufpaßte, dem schnappte er das Bier oder den Schnaps vor der Nase weg. War die Periode glücklich überstanden, so waren Kr. und Bähndken wieder dickste Freunde.

*

Bei Vößken Schrulle in Beckum saßen wir mal mit Holtmann-Hamerle zusammen am Tisch. Der Ökonomierat hatte die Gewohnheit, beim Reden immer wieder seine Zigarre anzuzünden und dann die Streichholzschachtel einzustecken. Vößken Schrulle legte ihm stets eine neue Schachtel hin, die dann auch wieder verschwand. Plötzlich schlug der Wirt auf den Tisch und rief: „Kerl, nu häste sieben Stickenkästkes instiäken, dat moßte doch miärken, du häs doch de ganze Taske vull!“ Der Ökonomierat griff ganz bestürzt in seine Hosentasche und holte unter allgemeinem Gelächter tatsächlich sieben Streichholzschachteln hervor.

*

Der Bahnhofswirt Hubert Wolff in Oelde war ein Mann von pompöser Figur und auf allen Festen des Kreises als Weinlieferant ein sehr gern gesehener Gast. Wo er mit seiner traditionellen weißen Weste auftauchte, da sammelte sich viel Volk und hoffte etwas zu erben. In seinem Hotel, das durch seine ausgezeichnete Küche berühmt war, führte er an der table d' hôte (dem gemeinsamen Mittagstisch) den Vorsitz und kannte nur Lieblingsgerichte, von denen er fabelhafte Mengen verspeiste. Er wünschte aber auch, daß seine Gäste ihm nacheiferten. Ich selbst hatte mal nach einer Wiedersehensfeier mit meinem Halbbruder Alex Tigges, der lange Jahre deutscher Konsul in China und zu einem längeren Urlaub heimgekehrt war, für den anderen Morgen ein warmes Frühstück bestellt, weil ich nach einem gehaltvollen Abendtrunk ganz besonders guten Appetit zu haben pflege.

„Was möchtest du denn wohl haben?“ fragte Hubert Wolff, „vielleicht ein Wiener Schnitzel mit Bratkartoffeln?“ Ich sagte, das würde mir ausgezeichnet bekommen, es müsse aber um 6.15 Uhr fertig sein, da mein Zug um sieben Uhr fahre. Am anderen Morgen war Hubert noch auf, er wollte sehen, wie ich mit diesem Schnitzel in der Herrgottsfrühe fertig würde. Das Schnitzel hatte die Größe eines häufig zum Vergleich herangezogenen Deckels und war außerdem noch fingerdick mit Ragout fin überbacken. Ich aß es ohne jeden Argwohn mit Behagen auf und ging dann zum Zuge. Hubert Wolff hatte voll Interesse zugesehen und sagte mir zum Nachtisch: „Du, Ernst, sowas habe ich noch nicht gesehen!“

*

Auf der Blessenstätte in Gütersloh wohnte der Wirt Joseph Meier. Ich meine nun aber den alten Herrn, der als 92jähriger gestorben ist. Dem wollten wir mal einen Streich spielen und kamen alle nacheinander herein, bestellten ein Bier und sagten nach der ersten Probe: „Hm, das schmeckt ja nach Hering!“ Als alle dasselbe in ähnlicher Form gesagt hatten, glaubte es Meier selbst und ließ das Faß zuschlagen. — Als er über neunzig Jahre zählte, ließen seine Angehörigen zur Vorsicht bei einer Erkältung den Geistlichen mit den hl. Sakramenten kommen. Nachher stand der Kaplan mit der Familie unten im Hausflur und sagte, daß man in diesem gesegneten Alter mit allem rechnen müsse.

Aber was nun kam, damit hatte keiner gerechnet. Langsam, ganz langsam kam der alte Meier in Filzpantoffeln und Schlafrock die steile Treppe herab, ging auf seinen Sohn zu und sagte etwas verlegen: „Joseph, gib mir einen Kognak, das hat mich furchtbar angegriffen!“

Das verkannte Plumeau

Onkel Wilhelm ist bei uns zu Besuch und quartiert auf dem Fremdenzimmer. Da der Onkel recht dicke Federbetten gewöhnt ist, legt ihm meine Frau noch ein Plumeau auf die Steppdecke, obgleich es recht sommerlich warm ist.

Am andern Morgen meint er beim Frühstück: „Jue Beddens gefallt mi nich, dat will ick Ju seggen. De Diäcke is to knapp. Wann ick mi den Buk taudecke, fräiset mi de Fäute, un wann ick de Fäute warm häff, is't mi buoben to kaolt.“

Der Vergleich

Der Kaspar Strumeier hatte in seinen Jugendjahren nur selten ein Taschentuch benutzt und wegen dieser Eigentümlichkeit den Beinamen „Schnottkasper“ erhalten. Er behielt diesen nicht gerade schönen Namen auch späterhin, als er schon längst verheiratet war und jeden Sonntag ein frischgebügeltes Taschentuch in recht lebhaften Farben von seiner Frau bekam. Seiner Frau mißfiel die Bezeichnung am meisten, besonders seitdem man sie selbst mal „die Schnottkaspersche“ genannt hatte. Sie drang solange in ihren Eheherrn, bis dieser sich den Spitznamen aus der Jugendzeit als grobe Beschimpfung verbat und jeden anzuzeigen versicherte, der das dumme Wort noch einmal gebrauchen würde.

Aber der Kleimanns Jopp kümmerte sich um diese Neuerung nicht und blieb beim guten alten, bis er endlich vor den Schiedsrichter geladen wurde. Strumeier brachte seine Beschwerde vor und zeigte sich schließlich zu einem Vergleich bereit, wenn Kleimanns Jopp ehrenwörtlich versichern würde, niemals wieder das verhaßte Wort zu gebrauchen. Darauf sagte der boshafte Jopp: „Ick häff ümmers Schnottkasper to di seggt, un et sall mi wull recht schwaor werden, dat ick nu nich mehr Schnottkasper seggen sall, aower wann du nich hören kannst, dat ick Schnottkasper segge, dann will ick auck nich mehr Schnottkasper to di seggen.“

Der geplatzte Darm

Ich dachte auch erst, diese Geschichte wäre unanständig gewesen, aber sie ist es durchaus nicht. Man wird sich sofort überzeugen. Ich erlebte sie im Wartesaal zu Warendorf, als ich auf den Zug nach Neubeckum wartete. Schräg hinter mir unterhielten sich zwei Damen über ein Konzert, das jüngst stattgefunden hatte. Da sagte die eine mit erhobener Stimme: „Kurz vor Schluß der Sonate platzte mir auf einmal der Darm.“

Mit einem Ruck sah ich mich nach der Dame mit dem geplatzten Darm um. Die Sache interessierte mich im höchsten Grade. Es war aber nichts Merkwürdiges an ihr zu entdecken, sie hatte blaue Augen, blondes Haar und einen gewöhnlichen Mund, überhaupt ein Gesicht ohne besondere Kennzeichen. Jetzt fuhr sie fort: „Glücklicherweise war es die A-Saite, und ich konnte weiterspielen, ohne eine neue aufzuziehen."

Sie sagte das so beruhigend, daß ich auch beruhigt war.

Im Raritätenkeller

Ein junges Ehepärchen machte die übliche Hochzeitsreise, und zwar nach Berlin. Wir hatten damals den Weltkrieg noch nicht verloren, und Berlin war noch „'ne janz anjenehme Jegend".

Ein Vetter der jungen Frau, der in der Metropole angeblich Jura studierte, spielte Bärenführer und zeigte den beiden tagsüber die Sehenswürdigkeiten, die er selbst noch nie gesehen hatte, z. B. die Nationalgalerie, das Kaiser-Friedrich-Museum und den Dom, abends aber führte er sie zu den heiteren Stätten der Lebensfreude, die ihm etwas bekannter waren. So kamen sie auch in die Bauernschenke am Eingang der Jägerstraße.

Die junge Frau fühlte sich anfangs etwas unbehaglich in dem Lokal, wo sie von dem Kellner gleich angefahren wurde, sie sollte doch die Handschuhe ausziehen und sich nicht so dicknäsig benehmen. Als sie aber sah, daß alle Gäste so angepöbelt wurden, daß einem Herrn sogar der Zylinder eingedonnert wurde, fühlte sie sich ganz mollig in der schnurrigen Umgebung. Unterdessen hatte der gute Vetter mit dem „Direktor" des Raritätenkellers gesprochen und ihm verraten, daß er ein Hochzeitspärchen, Theodor und Gertrud, aus der Provinz bei sich habe. Als nun die Extravorstellung im Keller begann, stiegen auch die drei erwartungsvoll mit hinunter. Frau Gertrud schrak zusammen, als sie an den Wänden nur Totenschädel, bleiche Gebeine und seltsame Sachen hängen sah.

„Dies ist der Ring des Polykrates", sagte der Direktor im schwarzen Talar und zeigte auf einen Wagenreifen. „Hier sehen Sie das Wasser, das dem Moses im Munde zusammenlief, als er das Gelobte Land sah." Es war eine Literflasche voll. In ähnlicher Weise ging es weiter. Auf einmal hörte die junge Frau: „Und dieses ist der Hosenträger, mit dem mein Freund Theodor aus Ennigerloh abends Hiebe von seiner jungen Frau Gertrud bezieht, wenn er zu spät nach Hause kommt."

Einen Augenblick ist alles still. Jeder sieht sich im Kreise um, ob niemand errötet und sich dadurch verrät. Da hört man Frau Gertrud leise fragen: „Theo, woher kennt dich der Mann?“

Das Erkennungszeichen

Ein Landwirt kommt nach Warendorf, um ein famoses Kälbchen zu verkaufen. Der Händler ist aber nicht zu Hause, und es wird ihm gesagt, er solle nur nach Niemer am Osttor gehen, da säße er beim Altbier, man könne ihn leicht erkennen, weil er stottere.

Unser Bauer pilgert denn auch nach Niemer und hat insofern Glück, als nur ein einziger Gast hinter seinem Altbierkrug in der Küche sitzt. Er geht sofort auf den Herrn los und fragt ihn, ob er der Viehhändler P. sei. „Jau, dat sin ick“, entgegnet der freundlich, da er ein Geschäftchen wittert.

Aber der andere sieht ihn mißtrauisch an und meint schließlich: „Ick glaiwe dat nich so rächt, et is mi seggt, dat Se stuottert!“

Da zieht der Händler verständnisvoll die Brauen hoch und entgegnet: „Dat k...k...kümp nao, niehmt män P...p...platz!“

Telegraphie ohne Draht

Sie sprachen am Herdfeuer über neue Erfindungen und kamen auch auf drahtlose Telegraphie zu sprechen. Der Stoffel konnte einfach nicht kapieren, wie das möglich sei. „Et is all schwaor, dat man dat begripp, wo se dür so'n dünn Dräöhtken küert; aower ganz ohne Draoht, dat is doch ratz to dull!“

Schulten Vader zog bedächtig an seiner Pfeife und nahm das Wort. „Paß up, Stoffel, ick will di dat maol verkläören. Denk di es 'n Swien, wat von Biäkem bis Strombiärg reiket. Wann de Kopp in Biäkem is, bümmelt de Stiärt in Strombiärg. Dat is 'n wahne lang Dier, aower kannste di dat vürstellen?“

„Jau“, beteuerte Stoffel, „dat kann ick mi vürstellen.“ — „Na, dann is't gut“, fuhr Schulten Vater fort, „wann se nun dat Schwien in Strombiärg in'n Stiärt kniepet, dann quieket dat Dier in Biäkem. Dat is drahtlose Telegraphie. Häst nu begriepen?“

Drahtlose Telegraphie

Der große Schweiger

Unter den Westfalen sind die Münsterländer wohl die schweigsamsten. Wenn sie nicht wollen, können ihnen vier Lokomotiven kein Wort aus dem Munde ziehen. Zu diesen großen Schweigern gehört auch Wilmken. Selbst wenn er krank ist, stöhnt er nicht und sagt auch nichts, genau nach dem bekannten Kaiserwort: Lerne leiden ohne zu klagen."

Aber neulich tat ihm das linke Auge so weh, eigentlich schon seit acht Tagen, und da fiel es seiner Mutter schließlich auf, und sie riet ihm, mal zum Augenarzt zu gehen. „Du häs bloß twee Augen, Junge, un wenn se kaputt sind, is et to late. Föhr doch hen, he wuhnt jüst 'n Bahnhof giegenüöwer."

Wilmken setzte sich an den Ofen, kühlte sein schlimmes Auge und dachte über Mutters Worte nach. Am andern Morgen kam er nicht zum Frühstück, da wußten sie, daß er zum Augenarzt gefahren war. Das Haus fand er schnell, aber das Wartezimmer war bereits voll, und er mußte etwa drei Stunden warten. Geduldig saß er da und schwieg. Als er dann endlich an der Reihe war, mußte er sich in einen merkwürdigen Sessel setzen, und der Doktor sagte: „Nun machen Sie mal den Mund los. Wo tut es denn weh?"

Gehorsam riß Wilmken den Mund sperrangelweit auf und zeigte dabei auf sein linkes Auge. „Ach, Sie sind gar nicht zahnkrank?" fragte der Arzt. Wilmken schüttelte lebhaft den Kopf. „Wollen Sie denn zum Augenarzt?" — Wilmken nickte zustimmend. „Ja, der wohnt in der anderen Haushälfte, da müssen Sie von der anderen Seite hereingehen!" Wilmken räumte den weißen Sessel, ging um das Haus herum, von der anderen Seite wieder hinein, nahm im Wartezimmer Platz und schwieg.

Hier war es nicht so voll, außer Wilmken saßen nur zwei alte Männer da, denn es ging auf Mittag zu, und der Arzt war zum Krankenhaus gerufen worden. Hinterher würde er wohl essen und dann ein Stündchen schlafen. Alles das erfuhr Wilmken im Zuhören von den beiden Alten und freute sich, daß er noch drei Stunden in aller Ruhe schweigen konnte.

Nachher bei der Behandlung hat er auch nur genickt oder mit dem Kopf geschüttelt, so daß der Doktor ihn für taubstumm hielt und alle Verhaltungsmaßregeln auf einen Zettel schrieb. Dann ging Wilmken nach Buller, wo sein Rad stand, tippte auf eine Schnapsflasche und bekam zu trinken, zeigte auf eine Dose mit Bratheringen und erhielt zu essen, legte eine Mark auf den Tisch und steckte den Rest wieder in die Tasche. Nun hatte er acht Stunden in der Kreisstadt geweilt, zwei Ärzte konsultiert, in der Apotheke seine Tropfen abgeholt, in der Wirtschaft gegessen und getrunken und kein einziges Wort gesprochen. Das mache ihm mal einer nach!

Der heilige Kumpanus

In bester Eintracht lebten zwei Landwirte dicht beisammen. Der eine war etwas flott und dabei pfiffig, der andere sparsam und ein wenig einfältig. Nun saß der Schlaumeier eines Tages in der Geldklemme, ging zum Nachbarn und erhielt ohne Zaudern dreihundert Mark geliehen. Es gibt ja Leute, die das tun. Dazu sagte der Gutmütige: „Schriew du selbst den Dag in den Schuldschien, wo du mi dat Geld trügge giewst.“

Der Schelm machte ein verschmitztes Gesicht und schrieb den Schein aus, den der andere in das Inkästchen legte. Aber nun vergingen Monate und Jahre, ohne daß der Schuldner zum Bezahlen kam. Schließlich mahnte ihn der Gläubiger und erhielt nun die Antwort: „Ja, dat hät nao Tied. Ick häff je schrieben, dat ick am Feste des heiligen Kumpanus betahlen will, un de heilige Kumpanus steiht gar nich in'n Kalenner."

Der Gutmütige ist nun doch nicht gutmütig genug, um damit zufrieden zu sein, und als sich die beiden nicht einigen können, fragen sie den alten Dorfpastor um Rat. Der Schlauberger erzählt recht vergnügt den ganzen Sachverhalt, und der Pfarrer sagt darauf: „Ja, die Geschichte ist in Ordnung, der heilige Kumpanus steht nicht im Kalender, aber ..." — „Was aber?"

„Der Tag steht doch im Kalender. Am 1. November ist Allerheiligen, und da ist der heilige Kumpanus auch dabei, und da müßtet Ihr schon wohl bezahlen, mein Freund."

Gefreiter Meyer

Er konnte ja nichts dazu, daß er den Sammelnamen Meyer trug. Trotzdem war er ein reizender, lebendiger Kerl, von allen in der Kompanie gut gelitten. Auch von den Offizieren. Als er noch Rekrut war, standen die Neulinge eines Tages tadellos nach der Schnur ausgerichtet auf dem Ägidiikasernenhof und sollten vom Obersten begrüßt werden. „Wenn der Herr Oberst gleich ‚Guten Morgen, Leute', sagt, dann brüllt ihr los, daß die Fenster klirren und die Ziegel vom Dach fallen", ermahnte der Hauptmann Graf M. noch schnell. Dann kam der Regimentskommandeur. Er ging auf den Grafen zu und wünschte ihm „Guten Morgen". Und Meyer brüllte wie ein Besessener ganz allein los: „Guten Morgen, Herr Oberst!"

Als Gefreiten schickte ihn der Graf nach einer Übung mit dem Fernglas zu seiner Wohnung und ließ bestellen, daß der Herr Graf erst später zu Tisch käme. Meyer kam nach einiger Zeit glückstrahlend wieder und erzählte, der „Alte" hätte ein reizendes Zimmermädchen, und für nächsten Sonntag habe er es für einen Spaziergang nach Handorf eingeladen.

Am folgenden Morgen steht alles in Kompaniefront angetreten. Der Graf kommt, ruft in scharfem Ton den Gefreiten Meyer vor die Front, betrachtet ihn von oben bis unten und fährt ihn an: „Wenn Sie noch einmal meine Frau für Sonntag einladen, dann holt Sie der Deubel! Verstanden?"

Der erschossene Leutnant

Es war in der Kriegszeit. Da saß in einem Restaurant in Münster ein junger Leutnant und ließ sich die Speisekarte reichen. Der Kellner schwirrte mit der Schnelligkeit, wie sie einem erlauchten Gaste (und das waren die Leutnants doch damals) nun einmal zusteht, heran und reichte den Magenfahrplan dar. „Vorlesen!" kommandierte der zukünftige Generalfeldmarschall.

Der Kellner, der offenbar reklamiert war und diese kugelsichere Stellung nicht leichtsinnig verscherzen wollte, las also vor: „Königsberger Klops mit Kartoffeln." — „Weiter", schnarrte der Jüngling. — „Rouladen mit Rotkohl." — „Is nichts. Weiter!" befahl der angehende Hindenburg. — „Goulasch mit Kompott", verkündete der Befrackte. — „Is nichts. Weiter!" — Aber weiter stand auf der kriegerisch angehauchten Speisekarte nichts verzeichnet. Der Küchenchef war offenbar froh gewesen, daß er wenigstens diese drei Verlegenheitsgerichte komponieren zu können glaubte. Für den jungen Dachs aber kamen solche Erwägungen gar nicht in Frage, er warf empört den martialischen Schädel mit einem Ruck in den Nacken und befahl höchst ungnädig: „Wegtreten!" Worauf der Kellner beinahe schneller verschwand, als er überhaupt konnte.

Diese anmutige Szene aus großer Zeit hatte nur ein einziger Gast beobachtet, und da er von Beruf Universitätsprofessor war, fehlte ihm das rechte Verständnis für das forsche Auftreten des selbstbewußten Jünglings. Er rief also den Kellner ebenfalls zu sich und befahl: „Speisekarte vorlesen!" — Der Kellner riß erstaunt die Augen auf, sah den alten Stammgast verdutzt an und begann dann wieder mit dem Königsberger Klops. — „Weiter!" schnarrte der Professor. — „Rouladen mit Rotkohl." — „Is nichts. Weiter!"

Aber schon stand der Kriegsleutnant vor ihm, die Knabenaugen funkelten gefährlich, die bartlosen Lippen bebten, und sogar die Ohren, hinter denen es immer noch nicht trocken werden wollte, wedelten kampfmutig hin und her. Dann schrie er mit ungebrochener Knabenstimme: „Herr, wollen Sie mich beleidigen? Danken Sie es Ihrem Alter, wenn ich nicht handgreiflich werde und Sie züchtige. Im übrigen fühlen Sie sich geohrfeigt."

War das nicht sehr schneidig? Der junge Mann war sogar mit sich zufrieden und wollte gerade den Rückzug antreten, als der Professor, der von kriegerischer Kultur offenbar keine Ahnung hatte, seinen kolossalen Körper erhob, die Rückseite dem zornigen Knaben zuwendete und dann einen wuchtigen Ton hören ließ, wie er nach reichlichem Genuß von Bohnengemüse zuweilen nur mühsam unterdrückt werden kann. Dann drehte er sich um und sprach: „Und Sie, junger Mann, erachten Sie sich nunmehr bitte als totgeschossen!"

Worauf er seinen Hut ohne Hast ergriff und den Kampfplatz befriedigt räumte. Der erschossene Leutnant aber blieb sprachlos allein zurück, denn der Kellner hatte sich schnell in einen sicheren Unterstand zurückgezogen, wo er ohne militärische Zeugen von Herzen lachen konnte.

Heinrichsken Kontas

Heinrichsken Kontas ist der interessanteste Kavalier, der jemals das Oelder Armenhaus am Kötelbach bewohnt hat. Im Nebengemach wohnte gleichzeitig Mathilde Cohn, die leidenschaftliche Hundefreundin mit dem seidenen Umschlagtuch aus vergangenen besseren Tagen.

Als Nebenerwerb drehte Heinrichsken für die Kinder Kreisel, die in Oelde Spinneklaut genannt werden. Wenn er bei dieser Arbeit von den neugierigen Kindern bedrängt wurde, grollte er plötzlich los: „Hebt euch hinweg, ihr Natterngezücht, sonst kleibe ich euch den Kopp ein!" Oder er legte ein riesiges Beil neben sich und sagte mit bedeutsamem Nicken: „Heinrichsken is 'n ganz guten Kerl, aber wenn Heinrichsken baise wird, wenn er baise wird, dann nimmt er das Beil, und hier liegt der Kopp — und da liegt der Rumpf!"

Kam die Hochsaison in der Spinneklautfabrikation, und die Drehbank schnurrte fast ohne Pause, dann wurde der Fabrikant leicht unzufrieden, denn alles konnte er ertragen, nur durfte die Beschäftigung nicht in Arbeit ausarten. Dann erstand er aus seinen Betriebsüberschüssen einen guten Münsterländer Schnaps und nahm ihn in kurzen Pausen und ganz winzigen Quantitäten zu sich. Die surrende Drehbank stand dann einen Augenblick still, Heinrichsken wischte sich den Mund mit dem Hemdärmel ab und sagte: „Wartet mal, eben nach Amerika fahren." Und während er das Feuerwasser wegkluckte, entschwebte sein Geist in ferne Regionen, die er nie gesehen hatte, und kehrte erst ins Armenhaus zurück, wenn er das Fläschchen zärtlich und behutsam wieder in die Tasche schob.

Am Armenhaus stand das Wappen des Freiherrn von Oer, des früheren Besitzers von Haus Geist. Heinrichsken Kontas zeigte mit selbstbewußter Geste auf das Wappenschild und rief mit Überzeugung: „Ich bin aus adeligem Geschlecht, mein Wappen steht über der Tür meines Palastes.“ Und dann machte er eine tadellose Verbeugung vor seiner Nachbarin Mathilde Cohn, die gerade in ihrem verblichenen Staat vorbeischlich und in ihrem Hundeasyl verschwand.

Die Münstermännsche

In Ahlen lebte vor Jahren eine Wirtsfrau, die allgemein als „Die Münstermännsche“ bekannt war. Bei ihr verkehrten immer die Viehhändler, die nach Ahlen kamen, und es ging stets lebhaft und lustig dort zu. Die alte Münstermännsche konnte ihr Wort machen, sie redete wie ein Wasserfall oder auch wie ein D-Zug, ohne Haltestellen. Die meisten Händler standen ihr in dieser Beziehung nichts nach, nur der Händler Levi Spiegel gehörte zu denjenigen, die auch einmal etwas im Herzen bewahren können, die nicht alles gleich auf der Zunge haben und dafür lieber den andern zuhören. Eines Tages aber war etwas erörtert worden, das auch den alten Spiegel interessierte, und weil er mehr nachdachte als die andern, kamen seine Einwendungen allen fremd und ungewohnt vor. Besonders aber der Münstermännschen. Sie hatte sich das Reden schon eine Zeitlang, sprachlos vor Ueberraschung, gefallen lassen, auf einmal aber riß ihr die Geduld, und sie fuhr den sonst so schweigsamen Spiegel an: „Levi, dat will'k di seggen, du seggst je nich viel, aower watt du seggst, dao is auk nao'n Schitt an geliägen!“

Immer mit der Ruhe

Als mal ein schwerer Sturm über einen Teil des Kreises Beckum und des Kreises Warendorf hinraste, saß Tante Anna auf dem verschwiegensten und unentbehrlichsten Plätzchen des Hauses. Der bescheidene Pavillon war mit der Breitseite fest an die Hauswand montiert, die Tür hatte den üblichen Herzausschnitt, aber die Rückwand war etwas leichtfertig durch eine große Sperrholzplatte angenagelt.

Als wenn es der Sturmwind gewußt hätte, riß er die ganze Rückwand mit einem Griff weg. Aber Tante Anna ließ das kalt. Sie meinte nur: „De Dür was je tau, un von ächten konn mi kien Mensk kennen!“ Ach nein, wie einfach ist doch das Leben, wenn man sich selbst so nett beruhigen kann.

Der Kondolenzbesuch

Im Kreise Beckum wollte ein Kaplan bei einer Familie einen Kondolenzbesuch machen. Nun vertat sich aber der geistliche Herr, der noch nicht lange im Ort war, mit der Wohnung. Er ging in die Parterrewohnung, während die Hinterbliebenen in der ersten Etage trauerten. Da man im Erdgeschoß aber zufällig auch einen Verlust zu beklagen hatte, merkte er seinen Irrtum erst nach längerem Zwiegespräch.

Im Parterre war die Hausfrau gerade am Kaffeekochen, als der Kaplan sein Beileid aussprach. Die gute Frau war anfangs sehr überrascht, strich verlegen ihre Schürze glatt und sagte: „Gott ja, et was ja all ’n aolt Schätzken, un ächten gonk de Luft ümmers herunner, aower ’n paar Jaohre hädden wi wull nao wat daovon häbben können.“

Dem Geistlichen kam es so vor, als wenn sich diese Frau doch etwas sehr resolut über den Tod ihrer Schwiegermutter hinwegsetzte, und er bemerkte diplomatisch: „Ja, ja, aber Ihrem Mann wird der Verlust doch wohl besonders schmerzlich sein.“ — Da entgegnete die Frau: „Sieker, Här Kaplan, he hät Spitakel genaug maket, he sagg ümmers, wann dat Dier auck nich mähr viel wert was, use Jungens hädden sick wull nao daomet behölpen konnt!“

„Mein Gott, liebe Frau, wovon sprecht Ihr denn eigentlich?“ rief der Geistliche, dem so langsam der kalte Schweiß ausbrach. — „Von use Rad“, sagte die Frau befremdet, „se häfft us doch vürige Nacht ’n Rad stuohlen!“

Das unverstandene Platt

Eine von auswärts zugezogene Dame ging mit ihrem kleinen Dackel in Beckum über die Nordstraße. Da sah sie, wie ein zwölfjähriger Schlingel hinter dem kläffenden Köter herlief und ihn mit Steinen werfen wollte.

„Junge, du mußt dem kleinen, lieben Tierchen nichts zuleide tun“, ermahnte sie.

„He hät mi in’n Bollen bieten!“ verteidigte sich der Schlingel.

„Das wirst du ihm wohl zuerst getan haben“, entgegnete vorwurfsvoll die fremde Dame, die nichts verstanden hatte.

Tönnishäuschen

Tönnishäuschen steht zwar im Konversationslexikon nicht verzeichnet, aber die Westfälische Landesbahn hält trotzdem. Als wir neulich die lustige, fröhliche Frau Tine dort besuchen wollten, saß mit uns im Zuge ein altes Mütterchen, das merkwürdig unruhig war und immerfort um sich spähte, als ob es etwas eifrig suche.

Dann hielt die Pängelbahn in Tönnishäuschen. Die Schaffner haben es in der Gewohnheit, hier nur „... häuschen" zu rufen. Die beiden Vorsilben werden als bekannt vorausgesetzt und als überflüssig fortgelassen. Für die arme Frau wurde diese Gewohnheit indessen verhängnisvoll. Sie hörte in ihrer Bedrängnis nur das erlösende Wort „Häuschen" und stieg so schnell wie möglich aus, um das Häuschen zu erreichen.

Nach dreißig Sekunden pfiff der Zug und pängelte weiter. Vom Häuschen aber rief eine flehende Stimme: „Mein Gott, nu waochtet doch, bis ick ferrig sin!"

Die Weisen aus dem Morgenlande

In manchen Dörfern des südöstlichen Münsterlandes ist es Sitte, daß am Dreikönigstage junge Leute am Spätabend mit Wagen bei den Häusern solcher Eheleute vorfahren, die noch keine Kinder haben. Sie kommen dann wie die Weisen aus dem Morgenlande und suchen das neugeborene Kind; da sie es aber nicht finden können, machen sie natürlich einen Mordsradau mit Töpfen, Eimern, Blasinstrumenten und Peitschen.

Auch bei Hülsmanns Antönken erhob sich am 6. Januar ein ohrenbetäubender Lärm vor der Haustür. Durch Peitschenknallen und Eimerrasseln vernahm Antönken deutlich die eindringliche Gewissensfrage: „Wo ist der neugeborene König der Juden?"

Da trat er mutig aus dem Hause, verschaffte sich durch Winken mühsam Gehör und sprach: „Gott der Herr nich will, de Junge is der nao nich, aower wenn ji dat Gold metbracht häfft, dann liefert et män aff, den Weihrauch un de Myrrhen könnt ji wier metniehmen."

Das Kapital

In Warendorf war eine Aktion zur Steigerung der Sparfreudigkeit. Ein Redner aus Münster war eigens herübergekommen, die guten Ermahnungen und schönen Berechnungen flossen ihm leicht über die Lippen. Er verwarf die Zigarren und Zigaretten und erbaute daraus in zwanzig Jahren reizende Häuschen. Bier und Schnaps ließ er auch nicht gelten, dafür kaufte er mit Zinsen und Zinseszinsen sämtliche Möbel, die Wäsche, Gardinen und Teppiche. „Und wenn Sie statt Bohnenkaffee Muckefuck trinken, können Sie in wenigen Jahren das Geld für das notwendige Kleinvieh sparen", schloß er seine Berechnungen.

Hinten im Saale saß der Schneider Behrens und hörte diesen Phantastereien mit gespannter Aufmerksamkeit zu. Seit seiner Gesellenzeit leidet er an einer unerhört trockenen Leber und muß beträchtliche Summen aufwenden, um dieses Organ einigermaßen feucht zu halten. Darum meldet er sich zum Wort und sagt: „Man darf das Kapital nich über 'n Taler kommen lassen, sonst artet es leicht in Geiz aus."

Der Redner machte ein etwas säuerliches Gesicht und wußte nicht, ob der alte Behrens ihn veräppeln wollte. Als er aber in den etwas verwitterten Zügen des Schneidermeisters den Mut der Überzeugung sah, stimmte er in das allgemeine Gelächter ein und wußte, daß man diesen Zwischenruf wahrscheinlich besser behalten würde als seine scharfsinnigen Kalkulationen.

Automobil

In Beckum liefen drei Kinder über den Marktplatz, eins hinter dem anderen her, genau wie die Gänse. Das erste machte andauernd: Ft—ft—ft—, Ft—ft—ft! Das zweite drehte mit den Händen an einem unsichtbaren Rad und brüllte mit schiefgezogenem Mund: Put, put, put! Das dritte lief anscheinend ohne Beschäftigung hinterher.

Da fragte ich die drei, was sie denn eigentlich spielten. Sie waren ganz entrüstet, daß ich das nicht einmal merkte, und sagten beinahe vorwurfsvoll: „Automobil!" — „Was bist du denn?" fragte ich weiter. „Ich bin der Motor!" bemerkte der erste. „Ich bin der Chauffeur!" erklärte der zweite, der an dem unsichtbaren Steuerrad gedreht hatte. — „Und du?" fragte ich den dritten. — „Ich stinke", sagte er stolz und lief weiter.

Die schöne Oma

Bei Tante Berta war die Oma zu Besuch. Man sieht es der Oma tatsächlich nicht an, daß sie schon siebzig Jahre alt ist. Sie hält sich fabelhaft gerade, ist nicht zu dick und nicht zu mager und hat beinahe keine Falten im Gesicht. Ihr Enkelkind Inge ist ganz begeistert von der schönen Großmama und schwärmt: „Oma, ich wollte, ich wäre du!"

„Warum denn Kind?" fragt die alte Dame geschmeichelt. „Och, dann hätte ich auch so schöne Zähne!" — Oma sagt nichts davon, daß die Zähne über vierhundert Mark gekostet haben. Man merkt auch nicht, daß sie das linke Auge nicht bewegen kann. Und die Haare sind genau wie echte. Ja, der Weg zur Schönheit ist nicht leicht und dornenlos.

Nachts schläft die kleine Inge mit Oma auf demselben Zimmer. Sie liegt schon lange im Bett, als Oma kommt, aber sie schläft nicht, sie tut nur so. Da sieht sie, daß Großmama die Haare abnimmt und weglegt, das linke Auge beiseite legt und mit diskretem Knacken den Oberkiefer und den Unterkiefer entfernt. Da ist Klein-Inge entsetzt ausgerissen und hat der Mutter schluchzend berichtet: „Unsere Oma geht kaputt, komm schnell, Mutter, der Kopf ist schon aus'ander gefallen!"

Zwei Wetterpropheten

Der Professor ging über Land und traf in der Heide einen Schäfer. „Hören Sie mal, mein lieber Mann", meinte er, „Sie müssen mit Ihren Schafen bald heimkehren, es gibt einen Witterungsumschlag, und in einer halben Stunde haben wir ein Gewitter."

Aber der Schäfer schüttelte das weise Haupt und entgegnete: „Nix to maken, vandage giff't nix mähr." — „Mein lieber Mann, das muß ich doch wohl besser wissen, ich beobachte dauernd das Wetter und schreibe darüber für die Zeitungen. Woher wollen Sie denn so genau Bescheid wissen?"

Da zeigte der andere auf einen alten Schafbock und sagte: „Dat is min Wetterprophet." — „Aber, mein Bester, wie soll ein Schafbock denn besser Bescheid wissen als ich?" entrüstete sich der Professor.

„Dat is nu so", erklärte der Schäfer, „wenn dat 'n Gewitter giff, knipp de Buck den Stiärt tüsken de Beine, un ick segge Ju, dat Dier hät mähr Verstand in'n Stiärt as de Professors in 'n Kopp."

Noch'n Hund

Fleuters Jungens würden es mit Freuden begrüßen, wenn ihre Mutter etwas schwerhöriger wäre, aber sie hört besonders in der Nacht das kleinste Geräusch. Wenn die beiden Jünglinge abends herausgehen, läßt die Mama ihre Schlafzimmertür immer ein klein wenig offen stehen und wartet darauf, wenn die Treppe knarrt. Dann knipst sie eben das Licht an und sieht nach, wieviel Uhr es ist. Danach richtet sich am folgenden Morgen die Länge und Wucht der Strafpredigt.

Nun hat die Treppe einen ganz gemeinen Konstruktionsfehler, weil die fünfte Stufe immer laut knarrt. Man muß also im Dunkeln von der vierten gleich auf die sechste Stufe treten, sonst weiß Mutti gleich Bescheid. In den meisten Fällen glückt das tadellos, aber neulich war es etwas spät geworden, und Ferdi trat mit voller Wucht auf die knarrende Stufe.

Sogleich wurde das Licht angemacht, und Mama rief: „Wer ist da?“ Ferdi hatte aber seine volle Geistesgegenwart wieder. Er stellte den linken Zeigefinger steil auf die nächste Treppenstufe und schrappte mit dem rechten Finger schnell mehrmals daran herunter, so daß ein Geräusch entstand, als wenn ein Hund seine Flöhe vertreiben will. Mama Fleuter fiel auch prompt darauf herein: „Ach, de dumme Rüe!“ sagte sie und machte das Licht wieder aus.

So war Ferdi gerettet, aber Leo kam gleich hinterdrein und hatte ebenfalls das Pech, auf die verhängnisvolle Stufe zu treten. Wieder wurde Licht gemacht, und man hörte die Stimme: „Ei, wer is denn da?“ Nun wollte Leo nicht wieder den Hund markieren, vielleicht war er nur zu bequem, und so sagte er laut und deutlich: „Noch'n Hund!“ — „Na, ich will euch schon helfen!“ rief Mama Fleuter und bereitete sich sofort auf eine ganz energische Strafpredigt vor.

Die zehn Gebote

Zwei Nachbarn wären um ihre Hühner fast in Streit geraten. Es war in der Zeit, als die Hühnereier gewaltig im Preise stiegen und Hühnerzucht immer mehr zum lohnenden Nebenerwerb wurde. Hühner kümmern sich selten um Grenzsteine und kratzen und scharren, wo die schmackhaftesten Leckerbissen zu finden sind. Man kann es darum Kaufmannshühnern nicht verübeln, wenn sie einen Meierhof als geeignetes Jagdgebiet vorziehen.

Wie gesagt, man kann es fleißigen Tieren nicht übelnehmen, aber Kinder denken in diesem Falle häufig anders. Als nun die Kaufmannshühner sich in der Ferienzeit mal wieder ins gelobte Land verirrt hatten, wurden sie von den Nachbarskindern flugs in den offenstehenden Holzschuppen getrieben und eingesperrt. Ein Standgericht trat schnell zusammen und beschloß eine exemplarische Strafe. Jedem der drei Hühner wurde ein Schild mit der Aufschrift: „Du sollst nicht stehlen!" um den dünnen Hals gehängt, und dann trieb man die Futterdiebe mit Schimpf und Schande über die Grenze.

Einige Tage darauf wechselte der Hahn vom Meierhof, einem impulsiven Drange nach Abwechslung folgend, auf das Nachbargrundstück und errang sich alsbald, weil er seinen Nebenbuhler durch überraschenden Sturmangriff mit Elan aus dem Felde schlug, die aus Verwunderung und Neugier erwachsene Zuneigung des weiblichen Hühnervolkes. Allerdings nur für kurze Zeit. Denn auch ihn ereilte das Schicksal, als er gerade in blindem Eifer quer über den Hof in die Wagenremise fegte.

Fünf Minuten später kehrte er wie ein begossener Pudel in sein Hauptquartier zurück. Um seinen schlanken Männerhals baumelte ein Schild: „Du sollst nicht ehebrechen!"

Kommerzienräte

Als Professor Landois in Münster den Zoologischen Garten gründete, suchte er auf jede mögliche Art und Weise Geld zu bekommen. Auch durch persönliche Kollekten von Haus zu Haus. Zunächst begann er bei den Kommerzienräten. Aber wie die dicksten Bauern meistens nicht die freigebigsten sind, so drückten die Kommerzienräte ebenfalls den Daumen auf den Beutel, und die Geheimen Räte zeigten sich noch dickfelliger und ungemütlicher.

Abends in fideler Runde beim Altbier gab Landois dann das Rätsel auf: „Welches ist das sonderbarste Geschöpf auf Erden?" Keiner riet es. Da gab er die Lösung: „Der Kommerzienrat, denn er ist ein Rat vierter Klasse, hat den Kronenorden dritter Klasse, fährt auf der Eisenbahn zweiter Klasse und ist ein Rindvieh erster Klasse."

Die Mitgift

Vogels Lena war in Münster als Köchin in Stellung und hatte sich das Vertrauen eines Sergeanten bei den Kürassieren erworben. Der Sergeant wollte sich auch wohl mit ihr verloben und verheiraten, wenn Lena wenigstens eine bescheidene Mitgift mit in die Ehe bringen würde. Darum entschloß sich das Mädchen eines Tages, nach Hause zu fahren und ihrem Vater eine Gewissensfrage zu stellen.

Der alte Vogel lag gerade auf der Ofenbank und schlief den reichlich bemessenen Sonntagsfrühschoppen aus, als Lena mit ihrem Bräutigam ins Haus trat. „Vater, ich möchte mein Erbteil haben", sagte Lena sehr bestimmt. Der alte Vogel fiel vor Schrecken fast von der Bank: „Erbteil?" fragte er sehr erstaunt.

„Ja, Vater, meine Mitgift möchte ich haben", erläuterte das Mädchen.

„Mitgift?" Der alte Vogel schüttelte fassungslos das graue Haupt.

„Vader, ick kriege doch sieker wat met, ick häff doch'n Erbteil", sagte sie nun und sprach vor Angst wieder Platt. Und nun verstand sie auch der alte Vogel plötzlich und entgegnete:

„Je, wat kriegst du met? Wat du metkriegst, dat häst du all met up de Welt bracht: Blaute Fäute und fössige Haore, dat is alles, min Wichtken!"

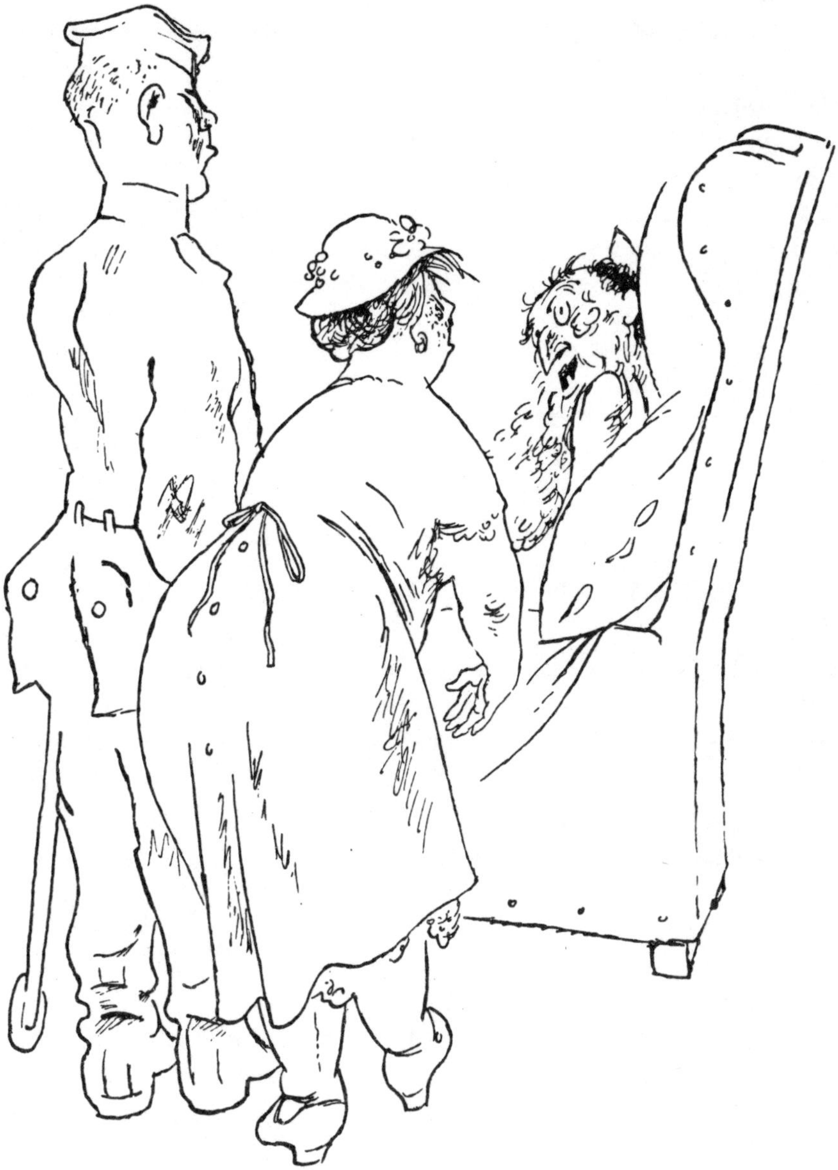

Vogels Lena und die Mitgift

Tante Threschen

Früher gab es in jedem Haushalt eine oder auch mehrere Tanten, die teils überflüssig, teils unentbehrlich waren. Einige waren Ekel, einige Engel. Im Wortbild ist der Unterschied nur gering, im täglichen Umgang kann er katastrophal werden. Tante Threschen war ein Engel, man hätte sie vielleicht längst selig gesprochen, wenn ihr Wirken an die Öffentlichkeit und bis zu maßgebenden Stellen gedrungen wäre, aber ihr Leben war wie ein Licht unter dem Scheffel und erlosch lautlos, als es ausgebrannt war.

Sie hat es nicht leicht gehabt auf Erden. Im Hause ihrer verheirateten Schwester wuchsen acht wilde Knaben und nur ein sanftes Mädchen heran, und alle Buben umdrängten und umringten die wehrlose Tante, weil die Mutter resoluter war und schnell handgreiflich wurde.

Zum Namenstag bekam Tante Threschen einen schönen Kaktus, der kurz vor der Blüte stand. Alle acht Rangen wußten, daß die Tante die Blumen liebte, aber in ihrer jungfräulichen Prüderie den scheußlichen Namen haßte. Einer nach dem andern fragte sie nun: „Wie heißt die schöne Blume?" Die arme Tante lief rot an, aber sie brachte den Namen nicht über die Zunge. Als aber auch der kleine Karl, der kaum sprechen konnte, sie fragte: „Tante Threschen, was is as für 'ne Buhme?", da riß sie alle Kraft zusammen und flüsterte: „Das ist ein Kicktus!"

Eines Tages wollte sie bei den größeren Knaben die Schularbeiten überwachen. Da nahmen diese ihren Atlas und riefen: „Tante Threschen, nun guck mal, was in Amerika unartige Menschen wohnen! Die nennen diesen großen Fluß einfach Missipissi!" Die Tante fiel bald in Ohnmacht. „Guck mal hier, Tante", schrie ein anderer, hier ist ein See, der heißt — nein, das kann man gar nicht sagen, der heißt Titti-Kacka-See!"

Da verließ die arme Tante fluchtartig die Kinderstube und wunderte sich nicht mehr, daß in Amerika nur Indianer und andere Heiden wohnen. Bei der nächsten Kollekte gab sie eine Mark extra für die Heidenmission. Der Erfolg ist bis heute noch nicht festzustellen.

Niemand freute sich mehr auf Weihnachten als Tante Threschen. Dann konnte sie nach Herzenslust schenken, ohne durch Aufdringlichkeit aufzufallen. Ihr Schwager baute an den letzten drei Tagen vor dem Fest im besten Zimmer eine pompöse Krippe mit gewaltigen Bergen aus Packpapier, mit Bethlehem im Hintergrunde und einer Krippe ganz vorne.

Nun waren die Papierberge im vorhergehenden Jahre abgebrannt, weil einer der bösen Buben das Transparent „Ehre sei Gott in der Höhe" während des Abendessens auf eigene Faust noch einmal mit drei Kerzen beleuchtet hatte. Leider brannten nicht nur die Kerzen, sondern das ganze Transparent. Als nun auch die Berge brannten und auch die Gardinen am Fenster Feuer fingen, lief der Junge voll Angst in die Diele und brüllte: „Die Krippe brennt!" Mit vieler Mühe verhütete man einen Zimmerbrand, aber zehn Eimer Wasser flossen durch die beste Stube, und Tante Threschen weinte.

Im folgenden Jahre wurden die Berge aus unverbrennbarem Sand gebaut. Eine besondere Attraktion war ein richtiger Teich mit Springbrunnen und Enten, Gänsen und Schwänen. Der Springbrunnen wurde durch ein Bassin gespeist, das hinter den Sandbergen versteckt lag und alle zehn Minuten einen Eimer Wasser verbrauchte. Trotzdem lief der See nicht über, das Wasser zog nämlich in den Sand, der Sandberg wurde immer schwerer, und plötzlich krachte alles zusammen.

Vorne an der Krippe stand eine neue Nähmaschine für Tante Threschen, die alle Wäsche flicken mußte und alle Strümpfe stopfte. Die Tante besah gerade die schöne Maschine, die ihre Arbeit erleichtern sollte, als die Berge zusammenstürzten. Die Nähmaschine bekam einen Schub und sauste auf Rollen durchs ganze Zimmer, die arme Tante flog zwei Meter weit mit, dann kippte sie um und streckte alle viere von sich. In die Stille des Entsetzens, die dieser Katastrophe folgte, rief einer der jüngsten Buben: „Siehste wohl, Tante Threschen hat auch Beine!"

Immer, wenn der Klapperstorch über das Haus geflogen war, führte Tante Threschen zwei Wochen lang das Regiment ganz allein. In dieser verantwortungsvollen Zeit befaßte sie sich auch energischer mit Kindererziehung und versuchte sogar, die kleinen Buben zu bestrafen. Aber es mißlang fast immer.

Wenn sie den Übeltäter mit der linken Hand festhielt und mit dem Teppichklopfer prügeln wollte, wie sie das von ihrer Schwester zuweilen gesehen hatte, lief der Bengel im Kreis um die Tante und drehte sie mit herum, immer schneller, rundherum, wie ein Karussell, bis die Ärmste keine Luft mehr bekommen konnte und, ganz schwindlig geworden, jegliche Züchtigungsversuche einstellen mußte.

Einmal wurde Tante Threschen ein bedauerliches Opfer des Zufalls. Hinten im Hause lagen zwei Klosetts dicht beisammen, rechts für die Herrschaft, links für das Personal. Das lautet schlimmer als es war. Beide Appartements waren ohne jeden Komfort, nur aus Gewohnheit hatte sich ein gewisser Unterschied gebildet.

Nun wollten die größeren Buben einem der Knechte einen Streich spielen und hatten abends in die Sitzöffnung einen mit Wasser gefüllten Waschnapf gestellt. Der Zufall wollte es, daß Tante Threschen vor dem Zubettgehen noch einen Gang hinten ins Haus unternahm und, weil das rechte Gemach besetzt war, nach links abschwenkte. In der Dunkelheit setzte sie sich ahnungslos „unbeschützt" in das kalte Wasser, stieß einen gellenden Schrei aus und sank dann in wohltätige Ohnmacht.

Im Dunkeln war sie immer bange. Die Buben wußten das ganz genau und spielten ihr einen Streich. Auf dem Kleiderschrank ihres Schlafzimmers standen Einmachgläser in Reih und Glied, Essigpflaumen, Birnen und Gurken. Da banden die bösen Rangen drei oder vier Gläser zusammen und leiteten den Bindfaden durch das Oberlicht des Fensters zu ihrem eigenen Schlafzimmer.

Kaum lag die Tante im Bett, so klirrte es verdächtig auf dem Schrank. Tante Threschen dachte sofort, da ist ein Einbrecher oder Mörder im Schrank. Gleich kommt er! Als es wieder klirrte, schrie sie vor Entsetzen um Hilfe. Die Hausfrau kam herbei und fand im Kerzenlicht sofort den verdächtigen Bindfaden, den sie leicht verfolgen konnte. Im nächsten Moment meldeten sich nebenan zwei Buben, aber es klirrte da nicht, sondern es klatschte sehr resolut.

Eines Tages lag Tante Threschen mit gefalteten Händen auf ihrem letzten Lager. Still und bescheiden, wie sie gelebt hatte, war sie aus ihrem Wirkungskreis geschieden. Ihr Gesicht mit dem schlichten Scheitel hatte sich kaum verändert. Erst als sie fehlte, wußten auch die Kinder, was sie ihnen gewesen war, und sie haben sie bis heute nicht vergessen.

Ein kleiner Irrtum

Der Zug war reichlich besetzt, als ich einstieg. Wenn auch die Beine nicht gerade hinaushingen, so war es doch in jedem Abteil sehr beengt. In den Gepäcknetzen aber waren so viel Koffer, Kisten, Kasten, Schachteln und Rucksäcke verstaut wie in der allerschlimmsten Hamsterzeit.

Mir gegenüber saß ein Reiseonkel, dem es in der drangvollen Enge zu heiß wurde und der deshalb den Hut absetzte. So saß er nun mit seinem kahlen Schädel da und ließ sich die Frühlingssonne daraufscheinen. Aber es kam auch sonst noch etwas darauf, und zwar tröpfelte es aus einem Paket, das genau über dem freundlichen Herrn im Gepäcknetz lag und sehr unscheinbar aussah. Es gehörte einem Manne im Sportanzug, wie sich alsbald herausstellte.

Denn als etwa zehn Tropfen auf seinen spiegelblanken Schädel gefallen waren, sah der Reiseonkel ein wenig beunruhigt nach oben, woher der Segen eigentlich komme. In diesem Augenblick nahm der andere Herr das Paket fort und stellte es neben sich auf den Fußboden. Der Bedrüppelte aber strich sich über den Kopf, wischte die Tropfen ab, roch daran, beschmeckte sie und fragte dann freundlich und mit Kennermiene: „Einundzwanziger Mosel, nicht wahr?" — „Doch nicht", entgegnete der Herr im Sportanzug seelenruhig, „sechs Wochen alter Dobermann."

Vorsichtig

In Soest wohnen zwei ältere Jungfrauen in schwesterlicher Liebe zusammen. Wir wollen sie mal Minna und Anna nennen. Nun kam da neulich ein Bettler und wollte abgelegte Kleidung haben. Minna öffnete die Tür und hörte das Bittgesuch an. Aber der Mann kam ihr verdächtig vor, sie verhärtete ihr Herz und sagte so energisch, wie sie nur konnte: „Wir haben keine abgelegte Männerkleidung, wir haben überhaupt keinen Mann im Hause", und machte damit die Tür wieder zu.

Aber Anna hatte aufmerksam gelauscht und meinte sehr besorgt: „Wie kannst du nur so unvorsichtig sein und dem Bettler sagen, wir hätten keinen Mann im Hause? Nun kommt er diese Nacht und bricht bei uns ein." Sofort riß Minna die Tür auf und rief dem abziehenden Hamsterkerl zu: „Hören Sie mal, nachts haben wir aber doch 'n Mann im Hause!"

Nicht so empfindlich!

Der alte Apotheker Sp. war ein leidenschaftlicher Jäger und ließ nicht gern eine Treibjagd irgendwo im Kreise ausfallen. So war er auch beim Schulten Wibberich mit dabei, hatte einen famosen Platz, wo er das mitgebrachte Jagdfrühstück ungestört verzehren und gleichzeitig das Terrain beobachten konnte. Auf einmal lief ein Hase einige zwanzig Schritt vor ihm. Er legt an, schießt los und pfeffert gleichzeitig einem jungen Referendar aus Lippstadt, der gerade in dem Augenblick dahersprang, einige Schrotkörner in die Sitzfläche.

Der brüllte natürlich Mord und Brand. Aber der alte Sp. hatte kein Mitleid mit ihm, sondern rief ihm entrüstet zu: „Wenn Ji nich maol 'ne Ladung Nr. 7 verdriägen könnt, söllt Ji auk läiwer in Lippstadt bliewen!"

Der erste Delbrücker

Es heißt, daß die Delbrücker eine Kante mehr haben als der Buchweizen, der bekanntlich drei hat. Das ist seit uralten Zeiten so gewesen. Und wie ist das gekommen?

Als der Herrgott seine Welt fertig hatte und die ersten Menschen darauf herumliefen, hatte er einige Zeit seine helle Freude an dem Gewimmel. Aber dann sah sein scharfes Auge plötzlich, daß in der Paderborner Ecke noch alles so stille war. Er rief den Erzengel Gabriel und machte ihn darauf aufmerksam. „Nun sieh mal an, lieber Gabriel", bemerkte er, „wir haben die Delbrücker vergessen, das müssen wir nachholen, ohne die geht es gar nicht."

Und so zog der Herrgott mit seinem treuen Begleiter vom heiligen Paderborn aus über Neuhaus ins Delbrücksche. Als sie an den Hügel kamen, auf dem jetzt bei der Karfreitagsprozession die Predigt gehalten wird, sahen sie einen dicken, vierkantigen Eichenklotz am Wege liegen. Der Herrgott stieß ihn mit dem Fuß an, und sofort reckte und streckte sich der Klotz, blieb zwar recht viereckig, aber richtete sich langsam auf und brummte sehr unfreundlich: „Wat stöß du mi?"

Der Herrgott war mit seinem ersten Delbrücker gut zufrieden. Er ließ ihn den Stammvater aller anderen Delbrücker werden, und darum sehen sich diese noch heute fast zum Verwechseln ähnlich.

Der erste Delbrücker

Überraschungen

Die weise Frau hatte in der Morgenfrühe ein Kindchen zur Welt bringen helfen und stand nun mit ihrer schwarzen Tasche an der Straße, um auf Fahrgelegenheit zu warten. Auf der Chaussee war gerade kein Riesenbetrieb, aber in einiger Entfernung kam ein einspänniger Kastenwagen, mit dem man immer noch besser fahren als zu Fuß gehen konnte. „Schulten Opa, kann ick metföhern?“ rief die Frau, und der Opa nickte, hielt an, nahm die Hebammentasche in Empfang und ließ die Storchentante aufsteigen. Alles geschah, ohne ein Wort zu sprechen, denn Schulten Opa redet nicht gerne. Aber die Tante plapperte desto lieber. Gott ja, wenn man jahraus, jahrein tätig ist und immer viel herumkommt, so erfährt man allerlei, was auch andere interessiert.

Aber Schulten Opa hört gar nicht zu, Klatschgeschichten mag er schon überhaupt nicht leiden. am liebsten spricht er unterwegs mit sich selbst oder mit seinen Pferden. Die Pferde sind ihm das Liebste auf Erden. Die Hebamme merkte denn auch bald, daß sie mit Redseligkeit auf den Alten keinen Eindruck machen konnte. So schwer es ihr fiel, saß sie eine ganze Weile stumm neben dem wortkargen Alten. Und das Pferd ging dabei im gemächlichsten Trott voran.

Nein, das hielt die lebhafte und redselige Frau nicht mehr aus! So eine langweilige Fahrt! Sie hatte am Vormittag noch mehrere Besuche vor, um ängstlichen Gemütern tröstliche Beruhigung und erfahrenen Rat zu spenden, aber man kam ja nicht von der Stelle bei diesem stillen Alten und dem schläfrigen Gaul. „Opa, krieg es de Schwiepe!“ rief sie munter, „un laot den Buck es laupen!“

O weh, das hätte sie nicht sagen dürfen, nur das nicht! „Wat? Du seggst Buck to mien Piärd?“ blitzte der Opa sie an. „Runner von'n Wagen! Runner, segg ick!“ Er hielt an, gab der ganz verdutzten Frau die schwarze Tasche und ließ sie absteigen. Dann fuhr er seelenruhig weiter, aber auf seine Pferde ließ er nun einmal nichts kommen.

Der fröhliche Tanz

Ja, man kann oft durch ein einziges Wort alles verderben, zuweilen geht es sogar ohne Worte. In einer gemütlichen Gesellschaft saß neulich ein alter Herr, der schon bald die Goldene Hochzeit feiern könnte, wenn er damals geheiratet hätte. Aber er hat es nicht riskiert und nach dem fünften Doppelkorn ganz bedächtig erzählt, warum er nicht den Mut gehabt hat.

So um die Jahrhundertwende war er mit einem netten, fleißigen Mädchen heimlich verlobt und überlegte gerade, wann das Versprechen öffentlich werden sollte, als ihn ein guter Freund abends nach dem Kegeln mit in seine Wohnung nahm. Der Freund war etwa zwei Jahre verheiratet und prahlte stets von seiner prächtigen Frau und dem gemütlichen Heim.

Nun war es den beiden Kegelbrüdern an jenem Abend wohl etwas spät geworden, und sie hatten auch immerhin anderthalb Glas mehr getrunken, als unbedingt nötig war.

„Dat döht nix!" rief der junge Ehemann fröhlich, „dat is miene Libbät ganz egal. Se hät mi nao nie 'n Wort seggt, un wenn ick se mi schnappe un danze dür de Küke, is alles in Uorder!"

Unter diesen Gesprächen waren sie bis an die kleine Wohnung gekommen. Der lustige Ehemann ging voran in die Küche, die Frau sagte auch wirklich kein Wort, sie schlug nur dem Mann eine ganze Pfanne voll verbrutzelter Bratkartoffeln auf den Schädel, und dann lagen sie beide auf dem Boden in den Kartoffeln und hauten, bissen und kratzten sich. Das war der „fröhliche Tanz".

Da hat der andere fluchtartig das „gemütliche Heim" verlassen, hat nie wieder an Heiraten gedacht und lieber fünfzig Jahre einsam, aber ohne Prügel gelebt. „Und was hat das Mädchen gemacht?" fragten die andern. Da lächelte der alte Herr ganz bescheiden und sagte: „Sie hat in demselben Jahre noch geheiratet und ist sehr glücklich geworden. Sie hat neun Kinder und bis heute zwölf Enkel. Aber das wär' ja auch zuviel für mich gewesen."

Kostümball

Das Leben spielt oft merkwürdig mit uns, und niemand weiß, was aus einem Jüngling später werden mag. Wenn wir Jöppken eine Berufsberatung erteilen sollen, so möchten wir ihm empfehlen, Damenschneider zu werden. Darin hat er wirklich was los!

Neulich ist er mit Mia und Klärchen zum Ball gefahren. Plötzlich machte Klärchen einen unvermuteten Seitensprung und fuhr Mia in das Hinterrad. Rumskedi, da lagen sie! Klärchen hatte sich die Strümpfe zerrissen und die Knie verschrammt und saß nun auf einem Stein und heulte. Mia war dagegen mit Kleid und Unterkleid am Fahrradsattel hängengeblieben und hatte bei dem plötzlichen Sturz die dünnen Fähnchen bis oben aufgerissen.

Was nun? Zufällig hatte Mia Nadel und Zwirn in der Handtasche. Jöppken mußte sich nun auf einen Kilometerstein setzen und mit raschen Stichen zuerst das Unterkleid und dann das Tanzkleidchen flicken. Er zog die beiden Hälften auch glücklich wieder zusammen, wenn sie auch malerische Falten warfen. Aber das macht ja kurz vor Fastnacht nicht viel aus.

In der alten Narrenstadt fand Mia trotz ihrem zerrissenen Kleidchen schnell Anschluß und erregte überall schmunzelnde Heiterkeit. Was Jöppken nämlich zusammengenäht, das hatte nicht lange gehalten. Mia selbst wußte nichts davon, ahnungslos tanzte sie durch den Saal, während ihr Kleid und das Unterkleid hinten wie eine umgebundene Küchenschürze auseinanderflatterten.

Als sie schließlich merkte, weshalb sie so riesiges Aufsehen erregte, schnaubte sie ihren Kavalier an: „Warum sagen Sie mir das nicht? Sie sollten sich was schämen!“ Aber der Kavalier war ein richtiger Anschläger und sagte: „Ick dachte, dat wör dat niggeste Fastaobendkostüm, 'ne lila Büxe, 'n giäll Unnerröcksken un dat rosa Kläid, dat päß doch nett tosammen!“ — Aber Mia hatte ihr Näschen voll, sie wollte nicht von hinten wie die geheime Offenbarung wirken und verschwand möglichst schnell.

Fleischbeschauer

Eine merkwürdige Geschichte ist da vorige Woche auf dem leichtesten Sandboden passiert. Auf einem Bauernhof fand ein kleiner, ganz intimer Holskenball statt, und bei dieser Gelegenheit traten drei junge Damen auf: alle drei als bunte Schmetterlinge. Die bunten Höschen waren kurz geraten, aber die Ärmel reichten bis zum Handgelenk, und wenn sie die Arme hochhoben, flatterten zwischen den Armen und Hüften bunte Flügel.

Sogar Onkel Franz, der sonst mit solchen Dummheiten nichts zu tun haben will, war restlos begeistert über so viel Anmut. Er war als Fleischbeschauer auf Geschäftstour, und diese Parade schöner Beine paßte in seinen Beruf. Plötzlich wurde sein Blick streng dienstlich, sein Beamtengewissen regte sich, und er sagte zu seinem Nachbarn: „Ick saihe dao Fläisk, wat nich affstempelt is!" — „Mein Gott, dat is doch kien Schwienefläisk met Finnen un Trichinen!" wollte der Nachbar ihn beschwichtigen.

„Dat wäit ick auck", sagte Onkel Franz, „aower dat is je auck nich de springende Punkt! De Hauptsake is, dat se affstempelt wärd, un ick segge di, ick häff kiene Rouhe mähr, bis se alle stempelt sind. Waochte, ick hale iäbens den Stempel!" Und dann schnappten sich drei Männer einen Schmetterling nach dem anderen und drückten ihnen den Stempel auf. Das war auch eine Kritik, und zwar die Kritik eines vereidigten Fachmannes!

Fastenwürste

Früher und vereinzelt auch heute noch wurden beim Schlachtfest eigens Würste gemacht, die man auch in der Fastenzeit essen konnte, ohne das Abstinenzgebot der Kirche zu übertreten. Diese sogenannten Blut- und Leberwürste erinnerten nur noch in der Form an wirkliche Würste. — Eines Tages kam ein kleiner Schlingel mit seinem Handwägelchen zur Mühle und wünschte 80 Pfund Mehl zum Wursten.

„Häfft Ji denn slachtet?" fragte der Müller erstaunt.

„Nä", sagte der Junge, „aower use Naohber hät slachtet un hät us 'ne Panne vull Blaut metgieben."

Schnapsersatz

In der Bauernstube erzählt Verwalter Schmidt sonntags beim Frühschoppen, daß ein Münchener Professor Versuche mache, Alkohol aus Seegras herzustellen, die Erfindung sei aufsehenerregend und die Herstellung von Schnaps aus faulen Runkelrüben und erfrorenen Kartoffeln sicherlich bald nicht mehr zeitgemäß.

Der alte Püttmann hört sich das mit zufriedenem Kopfnicken an und meint dann: „Mi dücht, dat nigge Tüg is all in'n Handel, ick häff gistern in Sassenbiärg 'n Steinhäger drunken, de hätt mi akraot nao aolle Matratzen smäcket."

De gude Trost

De Schulte mag sien Schnäpsken nich mähr,
Un de Doktor segg, he möß stiärben.
Sien äölste Junge is sieben Jaohr
Un sall den Schultenhof iärben.
De Frau sitt am Bedde den ganzen Dag
Un grient tom Hiärtterbriäcken,
Dat Stiärben is doch'n schwaor Geschäft,
Wat giff dat to denken un riäcken.
Dao segg de Schulte: „Nu grien doch nich, Frau,
Du kriegst all raske 'n niggen,
Use Naohbers Franz is'n düftigen Mann.
Wann ick daut sin, kannste den friggen."
Un de Frau putzet de Träönen sick aff
Un sett sick faots wat richter:
„Ach, Mann, dao häff ick jüst auck an dacht!"
Nu is dat Stiärben viel lichter.

Abgeblizt

Bei Frau Brettschneider ist Besuch. Die Schwester des Hausherrn ist mit ihrem Töchterchen angekommen. Die kleine fünfjährige Hilde ist eine kühle Blonde und eine rechte Großstadtpflanze.

Eines Tages spielt sie unten im Hausflur, als der alte Oberlehrer Hartmann zu einem Plauderstündchen kommt.

Der würdige Schulmonarch ist ein eingefleischter Junggeselle von einigen sechzig Jahren, der aber recht gerne kleine Kinder sieht. Darum bleibt er denn auch bei Klein-Hilde stehen, streichelt ihr freundlich die weiche Wange und sagt: „Was bist du aber ein hübsches Mädchen und hast so nette rote Bäckchen! Wie heißt du denn?"

Keine Antwort. Hilde ist kühl-abweisend. Der alte Herr tätschelt sie noch einmal zärtlich, nickt ihr lächelnd zu und steigt dann die Treppe hinan. Als er fast oben ist, ruft ihm Klein-Hilde empört nach: „Du aoller Poussierstengel!"

De aolle Poussierstengel

Nächtliche Begegnung

Ein kluger Mann hat mal gesagt, man könne den Charakter eines Menschen am besten erkennen an einem Scherz oder Witz, den er übelnehme. Leute, die einen Scherz übelnehmen, sind ohnehin immer mit Vorsicht zu genießen, sie gehören zu den Beschränkten, die man niemals necken darf. Wenn sie lachen, so ist es nur ein jämmerlicher Versuch auf „U“ und dann höchstens ein mürrisches „Hu-hu“. Sie sind eben geborene Pessimisten, und der Pessimist ist der einzige Mist, auf dem nichts wächst.

Dagegen ist Onkel Franz ein Mann, der nur auf „A“ oder „O“ lacht und dann nicht zu knapp. Sein „Hahaha“ oder sein „Hohoho“ dröhnt durch das ganze Haus, und man merkt sogleich, daß er mal früher Mitglied des Kaunitzer Lachklubs gewesen ist, dessen Vorsitzender neun Minuten und dreiundzwanzig Sekunden ohne besonderen Anlaß schallend lachen konnte. Außerdem nimmt Onkel Franz nichts übel und hat nichts dagegen, wenn wir von seiner Fahrt nach Gütersloh erzählen.

Seine Frau Fine ist übrigens auch mitgefahren und sein Schwager Karl der Dicke als Chauffeur. In der Stadt hatte Fine verschiedenes einzukaufen — Frauen haben ja immer etwas einzukaufen, wenn sie andere Schaufenster sehen —, und Onkel Franz besuchte alte Freunde aus dem ersten und zweiten Weltkriege und den beiden Gefangenschaften. Das Wiedersehen wurde nach alter Sitte mit munteren Anekdoten, leckeren Würsten und eisgekühltem Steinhäger gefeiert.

Als Franz dann am verabredeten Treffpunkt eintrudelte, war Finchen natürlich noch nicht da, nur Fliegen bevölkerten das einsame Lokal, unvorstellbar viele Fliegen. Der Onkel bestellte eine Tasse Kaffee, setzte sich in eine Sofaecke am Fenster, deckte den Fensterschal als Schutz gegen bissige Insekten über Kopf und Hände und schlief bei der schwülen Hitze bald ein.

Finchen kam etwas später, aber sie erkannte ihren Franz unter dem blaugemusterten Vorhang nicht, auch die Kaffeetasse war kein besonderes Kennzeichen, und so ging sie weiter und suchte ihn anderswo. Der ahnungslose Onkel erwachte erst, als es schon fast dunkel war, trank den kalten Kaffee aus und wunderte sich, daß er immer noch allein war. Dann ging er los und suchte das Auto. Als er es nicht finden konnte, begab er sich zu einem geeigneten Anhalteplatz und wartete auf einen Wagen, der in Richtung Kaunitz fuhr.

Er winkte mit der Hand, ein Auto hielt, man öffnete zuvorkommend die Tür. „Richtung Kaunitz?“ fragte Onkel Franz. „Jau, stieg män in!“ antwortete der Chauffeur und fuhr dann weiter. Der müde Onkel saß hinten im Wagen neben einer Dame, die er im Dunkeln nicht kannte und die ihn auch nicht interessierte. Erst als das Auto in Verl scharf nach rechts fuhr, flog er gegen seine Nachbarin, und als gleich darauf die scharfe Linkskurve kam, prallte die Dame gegen ihn. Da merkte er erst, daß er neben seiner Fine saß. Er drückte voll Dankbarkeit ihr Händchen und fühlte sich wohl und geborgen.

Herr Klüngel

Ja, die Frauen vereinfachen unser Leben, sie verdoppeln unsere Freuden, wenn sie auch leider die Ausgaben verdreifachen. Aber „das is nich so wichtig!“ sagt Papa Lillmeier und sucht aus lauter Vergnügen sein Heim immer schöner zu gestalten. Nun graste ein Reiseonkel die Umgegend ab und suchte noch etwas Ware an den Mann oder vor allem an die Frauen zu bringen.

Bei Lillmeiers war die Tür zu. Der Reisende schellte mehrmals — die elektrische Schelle war eine der neuesten Errungenschaften, auf die Papa Lillmeier maßlos stolz war. Als auch dann sich niemand zeigte, ging der Reisende in den Garten, und siehe — da fand er das Ehepaar in den Erdbeeren. „Ah, guten Tag, Herr Klüngel!“ rief er vergnügt und gab dem Alten die Hand. „Schönen guten Tag, Frau Klüngel!“ strahlte er die Dame an und gab ihr auch ein Händchen. „Dürft' ich Ihnen mal meine neuesten Muster zeigen, Herr Klüngel? Sagen Sie nicht sofort nein, Herr Klüngel, es wird Ihnen bestimmt leid tun, wenn Sie nichts kaufen, Herr Klüngel!“

Aber Papa Lillmeier verhielt sich ablehnend, er ist vernünftiger als manche andere und kauft nicht bei Hausierern. Aber das wollte er doch noch wissen, weshalb der fremde Kerl egalweg „Klüngel“ zu ihm sagte. Der Reiseonkel sah ihn erstaunt an und erklärte: „Aber der Name steht doch an der Haustür unter der Schelle!“ Da nickte Papa Lillmeier zustimmend. Er hatte unter dem Druckknopf an der Haustür zur allgemeinen Orientierung ein Schildchen mit der Aufschrift „Klüngel“ angebracht. „Klingel“ wäre etwas gebräuchlicher, aber nicht so witzig gewesen. —

Onkel, ich muß mal

In eine ganz verflixte Situation kam ein alter Herr, der bei strahlendem Sommerwetter sehr zufrieden durch die schönen Anlagen der Stadt Ahlen spazierte. Da sprang plötzlich ein vierjähriger Junge auf ihn zu und sagte: „Onkel, ich muß mal!“ Der alte Herr lächelte, zeigte auf eine Blutbuche und sagte: „Geh da nur hinter den Baum!“ Aber der kleine Bengel tänzelte weiter von einem Bein aufs andere und meckerte: „Ja, aber der Reißverschluß geht nicht ’rauf, und — und es ist so nötig!“

Da hat sich der gute Mann erst mal nach allen Seiten umgesehen, ob auch keiner zuschaute, und hat dann probiert, ob er diesen Reißverschluß in Ordnung bringen konnte. In seiner Jugend gab es so etwas nicht, da waren dort in der Hose drei oder vier solide Knöpfe angebracht, die haargenau in ihre Knopflöcher paßten und den Verschluß auch dann garantierten, wenn mal ein Knopf nicht eingeknöpft war. Aber ein Reißverschluß . . . ?

Er zog an dem kleinen Anhängsel hin und her, aber es bewegte sich nicht. Sein Schützling wimmerte unterdessen: „Es ist so nötig!“ — „Ja, das glaube ich wohl“, sagte der alte Herr und schwitzte bereits vor Aufregung. Da kam ein pensionierter Lehrer vorbei, der seinen ärztlich verordneten Spaziergang erledigte und sich sofort erkundigte, ob er hier vielleicht helfen könne.

„Ja, das können Sie!“, rief der Alte befreit, „der Reißverschluß geht nicht auf, und es ist sehr dringend!“ — „Ist das Ihr Sohn?“ fragte der Lehrer. „Um Gottes willen, ich bin Junggeselle!“ betonte der Alte.

„Na, dann wollen wir die Sache schon deichseln!“ sagte der Lehrer. „Ich habe neulich meiner Tochter einen Reißverschluß an der Bluse mit einem Griff repariert . . .“ — „Es is aber sehr nötig“, warf der Junge ein. „Sehr dringend, äußerst dringend!“ ermahnte der Alte.

Nun hielt der Alte den Jungen fest, und der fachkundige Lehrer zog an dem Reißverschluß herum. Unterdessen sammelte sich Publikum an, Frauen, Mädchen mit Kinderwagen und Leute, die gern gute Ratschläge geben. Da glückte es endlich, und das fröhliche Zwischenspiel war beendet.

Lohengrin

Bei einem Handwerkertag wurde ein riesiger Festzug veranstaltet, in dem alle Berufe mit Wagen und Emblemen vertreten waren. Etwa 5000 Handwerker nahmen daran teil. Katharina Breitscheffel war mit ihrer Freundin auch erschienen.

Als die Schneiderinnungen erschienen, sah Katharina zu ihrem Erstaunen einen Herold in schimmernder Tracht mit blitzendem Helm voraufreiten.

„Nun sieh doch mal, Lisbeth“, sagte sie, „siehst du den Lohengrin da reiten? Das hab' ich auch noch nicht gewußt, daß der Lohengrin Schneider gewesen is.“

Die fremde Sprache

Frau Brüggemann ist während des Krieges meine zuverlässigste Butterlieferantin geworden. Sie hat mich nie enttäuscht und auch niemal fettlos ziehen lassen. Und da sie diese echt westfälische Treue auch nach dem Versailler Frieden beibehielt, suche ich sie noch immer gerne auf.

Vorigen Sonnabend war ich nachmittags auch bei ihr, denn vormittags buttert sie. Auf dem Tisch lagen noch Brotkrumen, die sie schnell mit der blauen Schürze fortstrich. Auch Bücher und Hefte lagen da, wirkliche Bücher und blaue Schreibhefte. Sollte sie ... Hm ...

„Frau Brüggemann, Sie haben doch keine Kinder mehr in der Schule?“

„Nä, aower use Frans studeert nou.“

„Der Franz studiert? Was studiert er denn?“

„Je, dat kan'k auch nich seggen. Et sind louter frümde Spraoken. Man kann't nich es liäsen.“

„So, fremde Sprachen ...“

Frau Brüggemann reichte mir zur Aufklärung eins der blauen Schreibhefte. Neugierig schlug ich's auf. Es war schon fast vollgeschrieben. Die fremde Sprache war die deutsche Einheitsstenographie.